U0575569

青少年校园美文精品集萃丛书
成长同行系列

成长是奋勇拼搏的荣耀

《中学生博览》杂志社 选编

时代文艺出版社

图书在版编目（CIP）数据

成长是奋勇拼搏的荣耀/《中学生博览》杂志社选编.— 长春：时代文艺出版社，2021.3
（青少年校园美文精品集萃丛书.成长同行系列）

ISBN 978-7-5387-6571-7

Ⅰ.①成… Ⅱ.①中… Ⅲ.①作文－中小学－选集 Ⅳ.①H194.5

中国版本图书馆CIP数据核字（2020）第257423号

出 品 人　陈　琛
产品总监　邓淑杰
责任编辑　王金弋
装帧设计　孙　利
排版制作　隋淑凤

成长是奋勇拼搏的荣耀

《中学生博览》杂志社　选编

出版发行/时代文艺出版社
地址/长春市福祉大路5788号　龙腾国际大厦A座15层　邮编/130118
总编办/0431-81629751　发行部/0431-81629755　北京开发部/010-63108163
官方微博/weibo.com/tlapress　天猫旗舰店/sdwycbsgf.tmall.com
印刷/三河市嵩川印刷有限公司
开本/880mm×1230mm　1/32　字数/135千字　印张/7
版次/2021年3月第1版　印次/2021年3月第1次印刷　定价/36.00元

图书如有印装错误　请寄回印厂调换

编 委 会

Contents
目 录

醉饮桂花酒，把臂少年游

岁月是朵双生花

微风轻轻起

少年乘着银河来

凉西的糖果不甜了

夏白洛

1

这个世界上，每天有那么多人穿白衬衫，却没有一个人，能有你那么好看。

凉西第一次用铅笔在数学书上写下这句话时，自己都觉得矫情，心里忍不住有些吐槽自己的想法，他的衬衫哪里好看了呀，明明皱皱巴巴的一点儿气质也没有。

可是脸还是开始发烫了。

她一边不好意思地偷偷捂着脸，一边赶紧用橡皮擦去那句话，耳根红得发烫，却还是感觉擦不干净。

用透明胶带黏掉吧？心里这样想着，手已经把胶带贴了上去。

哧啦一声，书本撕裂的声音。

数学老师的滔滔不绝戛然而止，紧接着所有人转过头，爆发出笑声。

看着手里被胶带黏掉的课本，听着同学的笑声，抬起头，数学老师正恨铁不成钢地瞪着自己。

凉西恨不得现在就逃出教室去。

2

将盒子里最后一口冰淇淋吃掉的时候，凉西不得不背上沉重的书包，走向那个两天没去的学校。

为期两天的逃学经历，在繁忙而枯燥的高三生活中，没有激起任何波澜。

同学们都在忙着和柯西不等式以及唯物辩证法斗争，没人关心她已经两天没来上课。

就连一直很唠叨的班主任也变得不那么唠叨，只是一句身体不舒服就让凉西顺利地搪塞了过去。

刚刚放下的书包，还没来得及整理的课本，堆满桌子的试卷，凉西一股脑儿塞到桌子里，扭着头看了一眼窗外，又溜出了教室。

3

"我应该属于那种比较活泼的女生吧。"在操场上坐了半个下午的凉西这样问着自己。

从小到大，有什么话都不会闷在心里，有事情就一定会说出来。但凉西发现最近的自己变了，好像有了难以启齿的小秘密，既说不出口，又说不清。

"喂！回教室自习啦！"同班同学朝着凉西喊了一句。

从栏杆上跳下来的时候，碰巧那边男孩子的足球滚过来，凉西抬起右脚一下就踢了回去。

冲球场做了个鬼脸，嘻嘻哈哈地回了教室。

凉西并不是不爱学习的人，只不过实在是厌倦了高三的压抑。或许是学习不够投入，所以凉西的成绩一直维持在不上不下的位置。

但唯一值得凉西骄傲的是，她的地理成绩，是全年级第一。

和大多数青春期的女生一样，凉西也曾幻想着和喜欢的人一起环游世界，但在去同市的同学家迷路后，凉西就知道，自己首先得学好地理。

这样，就算找不到喜欢的人，凉西也可以自己一个人去环游世界。

就是这样简单的想法支撑着凉西记住了一张又一张的

地图，甚至对每个地区的天气、地形、农业、人文都能够脱口而出，堪比专业导游。

因为大大咧咧不拘小节，凉西的人缘一直很好。高三的地理学起来很困难，特别是对女生来说，所以凉西身边总是围满了请教问题的女生。

当凉西看到一群女生中站着一个他时，手中的笔一下子就掉到了地上。

还是那件衬衫，皱皱巴巴的。

4

陈乔木是个被忽略的存在，同班三年凉西也没怎么注意到这个男生，第一次看到这个名字，是贴在公告栏里的后进生名单。

凉西只不过扫了一眼，注意力下意识就留在了陈乔木三个字上。

乔木，那应该是很美好的存在吧。

后来的时间，凉西便有些想认识这个叫乔木的人，猜想大概是女孩子。凉西想，乔木，乔木，一定是个很温柔的女孩子。

至于最初的印象，凉西也不知道到底是对还是错，乔木确实是个很安静的人，总是很沉默地趴在座位上，或是看一些凉西想起来就头疼的书。

但乔木却是个男孩子，个子不高，瘦瘦的，在一群留着碎发的男孩儿中，短发显得很扎眼，为什么以前就没发现这样一个人？

十六七岁的年纪，应该是张扬的啊，他太沉默了吧，就算说话，也是不急不赶，安静得让凉西有些想打破他现在的状态。

可也只是想想，毕竟这是别人自己的生活方式吧。

但上课的时候，凉西还是忍不住看向那有些发皱的白衬衫。

5

其实凉西也不知道高三的这种压抑和沉闷从何而来，明明为了更好地休息，已经把午休的时间延长了半个小时。

可凉西还是觉得累。

对其他人的午休来说，不过是换个地方学习，寝室里其他的五个女生，都坐在桌边眼睛眨也不眨，哗啦啦的翻书声让凉西莫名烦躁起来。

躺在床上才想起耳机忘在了教室。

四月的阳光不算强烈，但从寝室楼跑到教室，刘海儿还是黏黏地贴在了额头。

嘭的一声推开教室门，凉西整个人有些发愣，没想到教室里会有人，抓住门的手下意识地松开。

一直到坐在座位上揉着红肿的额头，凉西才真的相信刚才自己撞到了门。

在桌子里找到耳机，凉西捂着额头下意识就想逃。

"喏。"一张纸巾已经递了过来。

好看的手指，温暖的微笑，凉西来不及思考就已经接过了纸巾。

6

于是凉西午睡的时候也不回寝室了。

中午，凉西在教室，或是做习题或是看试卷。

但大多的时候还是发呆，趴在桌子上看着窗户的玻璃上倒映出另一个人的身影。

很瘦，背却挺得很直。

高考只剩下不到两个月的时间，阳光随着倒计时变得越来越强烈，空气里漂浮着汗水的味道。

日子，也更加沉闷起来。

凉西找不到自己对未来的打算，学习还是一如既往地不前不后，或许努力一把会进步很多，可是却怎么也提不起学习的兴趣。

"哎，你喜欢历史吗？"

正在画着地图的凉西一愣，这大概是他第二次和自己谈论学习之外的事情吧。

"啊，还……还好啊。"虽然极力想镇静，还是忍不住紧张。

"这样啊，我觉得历史很有意思，以史为鉴，能正人身呢。"

陈乔木皱着的眉头舒展开来，露出一个微笑，"开个玩笑啦，快高考了，凉西同学也要加把劲儿啊。"

这样的话凉西听过太多遍，身边的每一个人似乎都这样说过，却没有一个人能够让凉西像此刻一样感觉充满了动力。

自己一直没怎么进步就是因为自己想得太多了吧，明明只要努力就好，却非要给自己找一个努力的理由。

如果真的要个理由，那就是让自己变成更好的人啊。

虽然说起来很傻，但凉西确实开始努力了，沉闷的高三也并没有那么无聊，平静是爆发的前兆。

凉西知道，此刻的沉默，是为了以后更好的绽放。

高考前的那个周末，班长给每个人发了一颗糖，希望大家会在考场上好好加油。

闻着糖果特有的香味，凉西突然想起了以前。

凉西小时候，因为蛀牙不能吃甜食，每次有好看的糖果，只能够眼睁睁看着它，但凉西永远不会忘记那些闻着糖果味道连做梦也会甜甜的日子。

有些事情，只要还有希望，努力了，谁还会害怕失败呢？哪怕糖果早就已经不甜了。

我的房客是学霸

执 轻

1

当一阵狂轰滥炸的吉他声再度响起，安晓晓已经按捺不住内心压抑许久的怒意了，她环顾了一圈，眯着眼睛，一副势要与对方来个你死我活的模样，迅速锁定了门把上那把细长的扫把，利索地扛在肩上。

"少安毋躁。"还未等安晓晓跑上楼去，安妈妈就已经借着身高的优势轻松把扫把夺回。顺带给她一记警告的眼神，"这楼上的房子好不容易才租出去的，你要是敢把人家吓跑，这个月的零花钱也别想要了。"

此话一出，安晓晓立马就怂了，从一只张牙舞爪的狮子变成了夹着尾巴的老鼠。愣是把后面一肚子的抱怨全给压下了。她愤愤不平地望着楼上的那扇大门，黝黑的眼珠子转动了好几圈才打好了如意算盘。

耳朵已经连续受了一个礼拜荼毒的安晓晓终于守得云开见月明了。那一日，安爸安妈不在家。她从楼下的王伯伯家借来了扩音器，当毫无节奏感的吉他声再次响起，安晓晓挑衅地将扩音器对准房客家的门大喊道："里边的人请注意，你已经被包围了，请放下吉他，不要做无谓的抵抗……"

不到五秒，门里立马鸦雀无声，不到十秒，门"哐当"一声被弹开了。

望着里面有些惊慌又不好意思的陈然，安晓晓的笑容僵住了。

天呀，那不是隔壁班的学霸陈然吗？她到底做了什么？她悔得想找个地缝钻进去。

2

同桌贾佳望着窗外打篮球的少年，白色衬衫干净利索，袖子微微卷起，在一场又一场极具男子气概的较量中彰显青春，然后她叹息道："四肢发达头脑不简单，你说有啥是陈然不会的？"

安晓晓下意识地想起了楼上五音不全的吉他声，这还真有。

"你们还有空发呆？"班长林萧萧拿着一叠卷子，抽出两张摆在了贾佳和安晓晓前面。然后眉头皱成了川字形，埋怨道："晓晓，你拖班级后腿拖到大腿根了。"

　　果不其然，安晓晓看到自己成绩单上一片鲜红，这战况可是相当惨烈啊。

　　"不就是没评上优秀班长嘛，干吗把气都撒在我身上？"林萧萧一走，安晓晓不满地嘀咕道，似乎要将大家的目光从她的成绩单上移到林萧萧身上。

　　"她就是好强，也没什么恶意。这两天我还看到她和陈然走得很近，估计和她这次成绩下降有关。"贾佳一边继续看窗外的篮球赛，一边八卦道。

　　安晓晓心里一咯噔，却不知道要说什么。

3

　　一想到自己的房客就是陈然，平日里很晚才会起床的安晓晓第二天难得早了那么几分钟到学校，结果迎面看到和陈然一起走来的林萧萧，两人似乎很熟，有说有笑。

　　擦肩而过的时候，安晓晓分明听到了那个魔咒一样的声音对着陈然说道："这就是我和你说过的安晓晓，让老师都头疼的问题学生。"

　　安晓晓脸一下就红了。虽然平日里她脸皮厚得跟城墙一样。可这会儿她却感觉到有无数只蚂蚁在吞噬她的心脏，难过到说不出话来。即便知道他们已经走过去了，可安晓晓还是低着头。她带着一丝渴望用余光瞄向陈然，他若有所思却没有反驳林萧萧的话，这让安晓晓仅存的希望消失殆尽。

她有什么权利说她的不是？

仅仅因为她成绩好？是老师的掌中宝？

其实安晓晓明白，林萧萧的话根本没有错，可她就是不服气。

安晓晓拿起课本。自打上初中，她所有心思都花在了绘画上，这是她仅有的兴趣。色彩斑斓的童话世界是她的向往。可是，脱离彩色世界后，教科书上刻板的题目让她头疼不已。

每次想放弃，她就会抬头，林萧萧坐在教室的第一排。看着她埋头苦干的样子，她就咬咬牙给自己鼓气。一股自己都难以克制的感情涌上心头，她要超过林萧萧，不想让她看低她。

林萧萧能找陈然请教，她也可以！她还占了一个绝佳的地利之便。

安晓晓自己都不敢相信陈然会欣然同意帮她，于是她放弃晚上在被窝里看漫画的机会，在寒风瑟瑟的大冬天里捏着自己的脸蛋，研究陈然给她的笔记本。原本枯燥无比的学习，突然有了一丝趣味。

每个晚上，安晓晓都会把所有的疑问整理在一起，然后带着期待和安妈妈准备的糕点去楼上找陈然解答，这对她来说，既能弄懂自己遗漏的知识点，又能和陈然这样一个性情温和又聪明的男生加深友谊，一举两得。

有几次，安晓晓没集中注意力，在陈然讲解的时候走神，她细细打量陈然的卧室。除了一把不和调的木质吉他，其他的书籍都是整齐地摆在一起，很是干净。走神走得太专注了，直到陈然敲了敲桌子她才回过神来。

安晓晓因此知道了很多陈然不为人知的秘密。比如说，陈然看似是一个静谧少年，其实骨子里却是叛逆的摇滚少年。他喜欢疯狂的音乐，奈何他天生乐感不好，因此弹出来的东西总是被邻居当成噪音举报。

原来，每个人都是不完美的。学霸也只是个普通人。

4

"安晓晓，你是不是作弊了？"面对每一门科目都有着明显进步的安晓晓的成绩单，林萧萧有点儿不敢相信。

林萧萧还想问两句，安晓晓却懒得和她废话，直接绕过她走了。

安晓晓想到林萧萧的眼神，非常解气，也觉得这段时间的努力终于有了回报。可这点儿反击远远不够，于是拿起书打算继续浴血奋战。安晓晓激情澎湃地把之前藏在抽屉底下的画册当成了习题册抽了出来。

安晓晓看着那些美妙绝伦的插画，一时手有点儿痒痒，突然想起陈然说过，吉他是他的兴趣，压力大的时候，它能让他释放压力。

画画是她的兴趣，说不定能让她缓解这些天的疲劳。

画什么好呢？安晓晓歪着头想，突然一抹熟悉的身影在她脑海中浮现。

林萧萧迟到了，快要进教室的时候和同样快迟到的安晓晓撞在一起，安晓晓手中的书没拿住，掉在了地上，而这一意外，也使得书里的画纸被撞了出来。

"安晓晓，这是什么？"一个同学捡起来看，大伙都好奇地拥了上来。

大家都知道，安晓晓很会画画。之前为学校画的宣传报还贴在校园栏里。

"这不是陈然吗？"几个和陈然熟悉的男生一眼就认出来了。

而这一句话，如同炸弹一样在班级里炸开了花。

"安晓晓，你该不会是……喜欢陈然吧？"林萧萧也愣住了，不敢置信道。

"人都长得差不多，谁画他了？我是照着漫画书里的人画的。"安晓晓推开了围在周围的一群人，生气地解释道，她把画纸扭成一团，塞进了自己的口袋里。

可是这样的石子一旦掉入了湖里，波浪也会不可避免地袭来。

"安晓晓，你看，陈然在打篮球呢。""安晓晓，前面的人是不是你漫画书里的人啊？""安晓晓，你的漫画书借我看看呗！"

　　此起彼伏，让安晓晓无处遁形。

　　一到中午，林萧萧又跑来劝解安晓晓。一张画纸的事情也抓着不放！安晓晓气急了。她只是崇拜陈然，可他们却以讹传讹。

　　安晓晓看到陈然走了过来，她还没来得及说什么，林萧萧就在他耳边说起了悄悄话。

　　她会说什么？说她喜欢他？安晓晓觉得太阳穴都在发烫，她不知道自己在烦躁些什么，这一刻，她觉得这个教室的人都很讨厌。他们和林萧萧一样，都喜欢捕风捉影！

　　陈然看到安晓晓脸色极其难看，刚伸出手，却被安晓晓狠狠地推开了。

　　她头也不回地往前走。

　　"安晓晓，你太过分了！"背后传来林萧萧气急败坏的声音。

5

　　安晓晓从那以后，再也没去楼上找过陈然，她变得独来独往，不和任何人交流。即使陈然来找她，也被她用各种借口搪塞了。

但安晓晓学习的积极劲儿一天比一天高涨，几乎都要让自己钻进书里。连同桌贾佳都觉得安晓晓着了魔了。

下了课，安晓晓再也不和贾佳聊八卦新闻，而是做着一堆堆习题册，每过两节课她都要去办公室问一次问题，外语单词背得书都要翻烂了。为了一两场的测验，她熬夜看错题集；为了口语能练得纯正，她狠心把以前攒来买画册的钱报了辅导班。

双休日早出晚归的拼命劲儿把安家二老给吓坏了。而与此同时，楼上嘈杂的吉他声也渐渐变得柔和，像是不愿打扰安晓晓一样，音调越来越轻，但次数却越来越多了。

他是不是压力很大？有时候，安晓晓听着听着，也会不禁想着。

要是搁在别人身上，安晓晓绝对不会如此犟。可对方偏偏是林萧萧。

本来，也不过是个小事，储藏室里的排球很久没换了，大部分都是坏的，只是供同学们消遣用。安晓晓本来是想去练羽毛球的，却看到了一个新的排球，于是临时改变主意了。谁知道林萧萧上来就说："这个新的是老师给我准备的，因为我下周有比赛。"

安晓晓把她当作空气，故意没理会她。

林萧萧一看对方这态度火气也上来了。两人一推一搡的，就起了争执。

安晓晓身体里埋着的定时炸弹终于爆了！一用力，把她推了出去，林萧萧一个没站稳，摔倒在地上，硬生生地把头给撞了。

"出事了！"随着一个同学的尖叫，远处正在打篮球的陈然闻声而来，看到眼前的场景，他二话不说就把林萧萧背在身上，狠狠瞪了一眼安晓晓，眼里满是失望。

安晓晓觉得浑身冰冷极了。她不知道自己做错了什么，明明是林萧萧一直仗着自己成绩好，是班长，总是打压、嘲讽她。为什么大家都责怪自己？

想着想着，安晓晓就哭了。到底是她推的林萧萧，万一有个好歹，她要怎么办？

6

"如果你觉得愧疚，就代替她参加排球比赛吧。"从医务室赶回教室后，陈然对着安晓晓说道。

林萧萧并没有什么大碍，但需要在家好好休息，而这也影响到了她代表学校参加的排球比赛。

"萧萧虽然很毒舌，但她对你，并没有恶意。"看着对方低着头不说话，陈然叹了口气，继续道，"如果她真的说了什么伤害了你的话，我这个做表哥的，替她向你道歉。"

表哥？安晓晓愣住了。

那个下午，安晓晓还知道了另一个秘密。

原来林萧萧一直都很欣赏她的绘画，觉得她有才气，常常拿给陈然看。感慨这样的天赋如果不能得到好的发展很可惜。

可是那时安晓晓的成绩，要想在毕业时考艺术生都非常困难。林萧萧才会想到用激将法激她学习。

只是她没想到，激将法用过度了，让安晓晓变得孤僻倔强。几次三番，都没能把误会解释清楚。

"其实，她一直都希望你好。"陈然认真道。

安晓晓的运动细胞很发达，排球比赛本来就应该是她报名的。只是她当时一心埋在了学习中，才让林萧萧硬着头皮上了。

安晓晓站在比赛的场地上，她听到了熟悉的呐喊声，看到了疯狂为她鼓气的林萧萧和陈然，他们站在人群最显眼处。

安晓晓笑了，她看到，眼前的世界逐渐清晰起来，那是斑斓的，如同画册上一样美妙的世界。

7

毕业的时候，陈然在舞台上弹起了吉他，仿佛在诉说着悠悠岁月里的欢乐与惆怅。

"你说还有什么是陈然不会的？"贾佳一边听一边在一旁感慨道。

安晓晓下意识想起了很久之前楼上五音不全的吉他声，她终于明白，原来，即使聪明如陈然，也都是从不会开始的。

菠萝王子成长记

蓝与冰

1

"脑力好，体力好，长得酷、帅、高，妹子追着到处跑……"贾真噘着嘴巴顶着铅笔，对着笔记本上的一行字若有所思的时候，就被郑佳悦一掌击中了后背，不由得一个趔趄。留着清爽短发的女生笑得一脸阳光，"哟，看什么呢！"

贾真有些愤怒地咳了两声，回头瞪她，"喂，你能不能有点儿女生样啊！"可还没说完就被郑佳悦的笑声打断了，"这什么啊？王子进化论？你想变成一个校园王子？"

"不可以吗！"贾真恼羞成怒地抢过笔记本，目光似是无意地往左飘去。郑佳悦随着他转了下视线，就忽然领悟这个平凡的男青年忽然想脱胎换骨的理由了。那边靠窗位置坐的是大家公认的公主林雨蓉，这时的她正写着最折磨人的物理作业，可那优雅闲适的神情却仿佛是在享受着下午茶。

"哈，你也长大了啊……"郑佳悦坏笑着按了按贾真的头发，"不想变成公开的秘密的话，上周六的面钱就给我一笔勾销了吧。"

2

世界上人与人之间都有着不同的距离，能够相遇就是莫大的幸运。此时贾真正"呼噜噜"地低头吃面，突然被一个莫名其妙冲过来的女生恶狠狠地抓住了领口，看那架势还以为是有什么深仇大恨。贾真还在回想最近做了什么得罪人的事，就听见郑佳悦牙缝里挤出来的几个字："小子，这是我的位置，让开！"

贾真就蒙了，店面就这么大，一排台椅可都是空空如也，她怎么就这么独具慧眼地偏偏挑到自己坐的地方，这是在找座还是在找事啊。

不过看在对方还是个女生，耍点儿脾气自己也懒得应付。于是贾真讪讪地起身坐到旁边，喃喃了句："这里风水很好？"

"不，这里视野很好。"坐上了专座的郑佳悦似乎很满意，红扑扑的小脸转向了前台那边，尽头处文静帅气的服务小哥正赔着笑脸给客人上菜，眼睛一眯，温柔的气质呼之欲出。看着郑佳悦脸上如沐春风的表情，贾真撇撇嘴角，原来如此啊，犯花痴的女生还真是可怕啊……

从那天起贾真才知道，店里的那个位置真是郑佳悦的专座，虽然这家面馆的档次并不怎么高，徐娘半老的老板娘也浓妆艳抹的，看着挺瘆人，但好歹汤头浓郁，面条劲道入味，味道还是很不错的，可郑佳悦的目的显然不在面条上。

店里的小哥貌似每周末晚上五点以后过来打工，而郑佳悦也就雷打不动地在五点二十分风尘仆仆地赶过来，点上一碗最便宜的青菜面，边吃边对着服务生小哥可餐的秀色犯花痴。贾真周六补习班下课时，总能看见她孤单单地坐在那儿，像是一只等待着被主人发现的流浪猫。每次拖堂后贾真也总是跟饿狼似的，直接走进面馆。一来二去，两人便熟络了起来。

高二下学期文理分班，郑佳悦和贾真凑巧地分到了一班，一见面就相互愕然。刚换了新环境，众女生还在矜持，男生还在耍酷，都压抑着内心的躁动的时候，只有他们俩像是他乡遇故知一样。郑佳悦一句"周六晚上，老地方见！"的台词惹得人浮想联翩。

3

在面馆打工的小哥是兼职的大一学生，所在的R校，坐公交十分钟到面馆，这些情报都是郑佳悦打听到的。虽然他长了一张清秀好看的脸庞，可惜在家常面馆里起不到什么作用，还会有客人焦急地冲他吼，而每到这种时候，都会让旁观的郑佳悦生起气来，"吼什么啊，真当人家是服务生？文化程度分分钟甩你们一条街好吗！"

服务员小哥把面送了过来，郑佳悦的脸立马低了下来，好歹也在这儿等了两个多月了，记性再差的人也该有点儿印象，问一声"我们好像在哪见过，你记得吗"。可服务员小哥不知是装傻还是闷骚，连声"总来捧场真给面子"的客套话都没有，沉默地转身去了下一桌，独留郑佳悦空悲切。贾真捅捅她，"别闹心了，我给你讲一个笑话吧。我上小学的时候，第一次看见'瓜子脸'这个名词的时候，还以为是用自己喜欢吃的食物来形容的，于是后来在自己的作文里写了：我长了一张菠萝脸……"

笑话讲完，郑佳悦就指着贾真大笑起来，"哈哈，你是要蠢死吗？你是脸色发黄还满脸起大包吗？"

4

　　贾真咽了口口水，这是他第一次尝试去接近林雨蓉。可能文科班的男女比例相差过大，男生都聚在后排自成气候，一走到前排都有种进了女儿国的感觉，让贾真兴奋得心脏咚咚直跳。

　　"嗯？"林雨蓉的眼光温柔得像天鹅绒一样——虽然贾真从来不知道天鹅绒什么样，总之很美好就对了。她女神范儿十足的应答立刻震住了贾真，林雨蓉可是高二六班里知名度最高的漂亮女生，所以贾真现在的哆嗦也不只是因为心里紧张，还有被班里其他男生瞪的。

　　贾真做好心理准备，深吸一口气，"公主，你看我像个王子吗？"

　　"然后你就被骂了？哈哈，这么傻的问话是要闹哪样啊？"放学时贾真讲的搭讪过程又成了郑佳悦的新笑料。

　　"那也不能直接回我'你有病吗'，多不符合她的公主形象啊，本来就该是王子配公主的吗……"贾真嘟囔着，冲幸灾乐祸的郑佳悦瞪眼，可是她笑着笑着表情却忽然僵了下来，目光定定地望着前方，"那是……"

　　"嗯？"贾真看见一对情侣走过去，那个穿黑色风衣的男生背影有点儿像……

　　"服务小哥？他有妹子啊！"贾真佯装不知情，想走过去仔细看看，可郑佳悦却拉住了他的袖子。

"怎么办啊……"仿佛换了一个人，郑佳悦刚才还绽放在脸上的笑容一扫而光，低着头捂着自己的眼睛，像是受了委屈的小女生——虽然她本身就是女生。贾真吓了一跳，"喂，要不要这么入戏啊？只是一个背影啊。"

"你懂什么啊？对女生来说，喜欢的人的一言一行都足以牵动心灵了，你怎么能懂我的心情啊！"

连着两个月的周末都是青菜面吃得脸都绿了的心情？贾真想了想还是没说出口，因为郑佳悦好像真的有点儿不对劲儿了。

"其实我也知道的，有几次我就看出来了，他好像是有喜欢的女生吧。我明明是个大大咧咧的人，可为什么连表达心情都做不到，最后只能一次次地让自己越陷越深呢……"

看着郑佳悦萎靡的样子，贾真焦急地抓着头发原地转了半圈，女生怎么总这么麻烦，看见她们一哭比打群架被揍了几拳还不舒服，半天才说："算了，要不你考虑考虑找我当备胎？"

"你这是在同情我吗？"听到这话郑佳悦一脸不爽地抬起了头，"我还不至于吧。算了，我决定了，我要向他表白！有女朋友算什么？"

5

郑佳悦觉得自己把自己推到了悬崖边，到了进退两难的地步。用尽全部的勇气喊住了服务小哥，就没有再继续说别的话的勇气了。贾真还在店门外远远观望着，也不能现在打退堂鼓啊。郑佳悦对着安静地等待着她说话的小哥那黑漆漆的漂亮眼睛咽了口口水，终于说了出来："喂，我喜欢你。"

小哥瞪圆了眼睛，郑佳悦紧张地等着回复，却只看见他突然大声说："啥？你闹呢？"

郑佳悦震惊得嘴都合不拢了，一直缄默不语，像是活在画卷里一样美好的诗意小哥开口说话了，而且第一句就是——好明显的东北腔啊！这与形象极其不符的声线违和感也太……果然世界比自己想象的复杂多了。小哥咳了两声，用有些别扭的普通话说："你喜欢的，不是他吗？"

贾真不知何时已经走到身后了，抱着胳膊斜着眼睛说："我就想看看你能瞒到什么时候，没想到你演得这么敬业，真豁出去告白了啊！"

郑佳悦看见贾真一直吊儿郎当的脸庞凑近自己，脸上的笑容灿烂得一塌糊涂，"所以说，那句话不是得留给我吗？"

"你什么时候知道的啊！"郑佳悦羞恼着捂住脸，再也不去看贾真。

"就在一开始，分班那一天啊。那次你把书包忘在店里了，我帮你拿回家时，发现了一个日记本。"

"啊啊啊——"郑佳悦羞愧得想去死了，那也就是自己的谎言从一开始，贾真就知道了？

高一时，郑佳悦有次去老师办公室送作业时跌了一跤，整整六十本作业都撒到了地上。那时是她第一次见到贾真，虽然他一脸的不耐烦，嘴上说着"好麻烦啊"，但那些匆匆走过的行人里，他是唯一一个弯下腰来帮自己的人。那时候起郑佳悦心里就挂念起了这个少年，可却没什么相遇的机会。直到有一次，发现了他在周六的补习班下课会来这家面馆吃面。

"唉，还有这回事啊。"贾真挠挠脑袋，"完全没印象了，我还真是贵人多忘事，哈哈。那你干吗不早说呢！"

害羞的郑佳悦收起了平时张狂的样子，红着脸耸着肩膀，"因为，我一直在努力地克制着自己啊。我的个性一直都是冲动型的，就像第一次在面馆看见你时兴奋地直接冲了过去，才发现不知道该说什么好。我一向是有话就说的人，生怕自己哪一次不小心就说出来了，所以在你最开始误会之后，就顺着演下来了。"

"哈哈。根本看不出来你内心其实那么细腻呢，"贾真笑眯眯地拍拍郑佳悦的脑袋，"你日记里还写着小时候最大的梦想是变成公主呢，是吧？"

"你别再笑话我了！"郑佳悦恼羞成怒地挥舞着小拳头，却被贾真挡下了，表情难得地认真了一回，"所以我说，这个梦实在太难了，还是让我来变成王子吧，这样你就直接是公主了啊。"

郑佳悦的脸骤然红了起来，可良好的气氛没持续一秒就被打破了，服务小哥很不爽地把面端上来，"小屁孩儿的，谈什么恋爱啊！"

贾真笑笑，"对了，小哥我还想问你，其实你的女朋友就是这家店的老板娘吧，之前我就看见你们在一起聊天，还不敢告诉郑佳悦怕她理想幻灭呢！"

"不是吧！"郑佳悦八卦地凑过来，小哥皱着眉，一副睥睨天下的神情，"你们人不大脑洞倒是挺大啊！这是我小姨的店，我过来帮个忙，你们这些荷尔蒙过剩的高中生啊……"

"所以，你还是放弃王子的纠结吧，你当菠萝脸王子，我当青菜面女王，不是更好吗？"郑佳悦笑着扯扯贾真的脸，现在终于可以微笑地看着过去那些回忆了，无数个周六晚上的等待，坐在看窗外景色视野最好的位置上只等着他和同学挥手道别时的一个微笑。无数次压抑着自己的本心，用谎言来掩饰一直努力藏起的秘密，幸运的是，这份心情终于被对方接收到了。倔强的少女和怕麻烦的少年兜兜转转了一大圈，还好最后结局还算完满。

　　小哥还在掐着腰教育着他们，两人相视一笑，对啊，公主王子之类的乌托邦还是早点儿戒掉比较好，珍惜眼前坦率真实的简单生活才最重要。比如现在，还是先好好享受眼前的面吧。

少年乘着银河来

十一醉

蓝的是天还是海

水上人家的世界是蓝色的。

我和许行舟就在这个蓝色的世界里长大。

头顶湛蓝天空附带几朵悠闲白云，脚踏晃荡小舟霸占汪洋大海。我每次看到岸边挨排泊着的各式船只时，都觉得它们像一串浮在水面上的贝壳项链。

听大人们说岸上的孩子都是六七岁去上学的，但我们并没这种规定。一般都是学会自己扎筏撑筏之后，就把学费藏在帽子里拎起桨划到东岸的大船上，老师们自然就会安排你上课了。

许行舟六岁的时候就丢下我上学去了。我爸爸在岸上打工，没人教我游泳也没人教我扎筏，于是我成了我们这拨孩子里，唯一一个不会扎筏的旱鸭子。

一直到八岁，许行舟终于良心发现地向我提议，每天给他一个鸡蛋，他就在上下学时用他的小竹筏顺带捎上我。

我含泪忍痛地答应了。

还记得第一天上学时，天还没亮我就起床洗漱了。同样早起编渔网的妈妈看了我一眼，只说了句："别掉水里了。"

我冲她嘿嘿地傻笑，不知道回些什么。正好这时许行舟来喊我了，我赶紧把藏了学费的帽子往头上一套，迅速钻出船舱，跳上他的竹筏。

太阳从海平线后冉冉升起，许行舟披着晨曦缓慢地划着桨。他嘴里塞着鸡蛋，含糊不清地恐吓我："绿水，我跟你说，上学一点儿都不好玩，你这是往火坑里跳。"

我不屑地哼了声，"你就是怕写作业！我跟你不同，我一定要读书的，以后好上岸找我爸。"

"你爸只是去打工，又不是不见了，迟早会回来的。"

闻言，我瞪了他一眼，不再出声。

所有人都说我爸迟早会回来，我妈也这样说。但我已经等过了很多很多次生日，却始终没瞧见他的影儿。

王姨说为了生活这也是没办法，等我长大了自然就能上岸找他，但如果想要一家人幸福快乐地在一起，就必须得好好读书考大学赚大钱，将来在岸上安家落户，一家人整整齐齐。

那时候我就想，岸上一定是个好地方，漂泊的人会在那定居，离散的人会在那重聚。

那么好的地方，唯有阅遍万卷书才能到达吧。

你以为我稀罕你吗

还记得第一次上学时，我站在教室门口，看见船舱里铺满了垫子和小桌子，老师坐在正前方，在小黑板上写下三个字，笑眯眯地说："欢迎我们的新同学姜绿水。"

我怯怯地走进去坐下，目不转睛地盯着黑板上的三个字，想起妈妈说爸爸当年为了帮我取名，翻遍了新华字典，斟酌了好久，才最终决定用绿水二字。

我要早早学会自己的名字怎么写，那我就不用担心爸爸不认得我的模样了。

那时候年纪小，我固执地想等我找到他，就把姜绿水三个字写给他看，他一定就会知道我是他女儿。

小小的执念在我心头生根发芽。从我笨拙地握着笔写出歪歪扭扭的姜绿水，到如今可以把自己的名字用正楷写出。转眼间，我已成长至花季。

虽然对自己的名字的书写早已练得炉火纯青，但我还是习惯于每天练习写名字。

许行舟见了，就一脸得意地递过来一张纸，"姜绿水，你看我用小篆写了你的名字。"

我瞥他一眼，心里一阵不痛快。他的字好看，是大家公认的，而我呢，从上学起就不断被老师批评字太丑。即便如今我学会了写楷书、行书，但跟许行舟的字摆在一起，我就是个笑话。

许行舟不就是先比我上了两年学，才写得一手好字，有什么好嚣张的！

于是，我用力将那张纸揉成团扔了，还故意道："字太丑了。"

许行舟气得一整天都没跟我说话。

但傍晚的时候，许行舟还是撑着小竹筏送我回家去了。途中他一直阴沉着脸，我也不肯先低头，于是一路沉默。

直到回到家，妈妈拿出两包鱼干招呼我们吃。

许行舟眼睛都亮了。他看看鱼干，又看看我，"姜绿水，我们一起吃吧？"

看着他小鹿一样的眼神，我努力忍下笑意，装作若无其事地点了点头，"好吧！"

我们抱着鱼干一把一把往嘴里塞时，妈妈在一边织渔网，她看都没看我们，状似随意地念着："行舟啊，你看绿水她爸不在家我又忙，才让丫头现在都还不会游泳，有空的时候啊，你就教教她吧。"

许行舟撇撇嘴，"上学之后，我连睡懒觉的时间都没有了，哪分得开身去教她啊？"

我妈没说话，淡定地扭过头来扫了一眼他手中的鱼干。

许行舟立刻被噎住了。

于是他便开始教我游泳。

每天傍晚时分，许行舟就会带着我到浅水区练习。十六七岁的少年已拥有了修长的身姿，因为常年顶着烈日抓鱼，他的皮肤被晒成了古铜色。

夕阳余晖洒在海面，许行舟在水里穿行，灵活得像条鱼。我一边抓着救生圈练习踢水，一边偷偷观察他，不由得感叹当年的小屁孩儿已成今日翩翩少年。

许是察觉到了我的注视，他忽然朝我游了过来，"看我干吗？还是学不会吗？唉，算了算了，来，我教你。"

他抽掉我的救生圈，用力托着我的肚子，说什么用脚划水头仰高……

"你你你……离我远点儿！"我忍不住红着脸把他推开，许行舟莫名其妙地瞪着我，"我教你，你还不乐意？"

这时，几个小伙伴路过。他们做着鬼脸在船上跳来跳去，大笑地冲我们喊："许行舟和姜绿水是一对！"

我一听，马上脸红脖子粗地呛回去："才不是，他是在教我游泳好吗！"

而许行舟这个暴脾气，手一松就不管我的死活，加足了马力就冲他们游去，任凭我吓白了脸在水里扑腾，"许行舟你回来！我不会游泳！"

那群小孩儿一看到他怒气冲冲的脸立刻撒丫子跑了，许行舟不解气地嚷嚷："别跑，我要揍你们！"

"许行舟！"我撕心裂肺地嚎着，期间呛进好几口水，差点儿香消玉殒。

幸好许行舟良心未泯，及时回来把我救上了船。

心有余悸的我气愤道："他们说几句怎么了，你至于因为不好意思就让我差点儿淹死吗？"

他"切"了一声，"谁不好意思啊，我是觉得和你配对太丢脸，要是让别人听到我以后怎么做人。"

这个混蛋！和我配对哪里丢脸了！

我愤怒地绕到许行舟身后，在他还没反应过来时，就瞄准他的屁股，直接一脚把他踹进了水里！

"你以为我稀罕你吗！"

在听到他说不想和自己配对时，我心里就堵得慌，满腔怒火不知从何发泄，但又不知怎么解释这种别扭的情绪。

一定是因为被身为蠢材的许行舟嫌弃了，所以自己才会这么不爽！一定是的！

"和我配对丢脸是吧，有本事以后就别和我说话！"

他说他一放手我就会迷路

我和许行舟第一次冷战正式拉开帷幕。

他沉默地接送我上下学，不再在我家船上吃鱼干，也不再教我游泳。对此我的反击是不闻不问沉默以对，整天埋头书本，眼角余光都不分点儿给他。

直到有天许行舟送我上学之后，就莫名其妙地消失了。他不在教室，不知道去哪了，我又不想去问别人，满脑子都在想要是许行舟生气了不带我回家怎么办。

到了放学时间许行舟果然没来，老师见状干脆直接把我送回家了。妈妈看到送我回来的不是许行舟，就把两包鱼干都给了老师，千恩万谢后才钻进船舱编渔网，期间看都没看我一眼。

我委屈地想，难道许行舟才是妈妈亲生的？

我搬着小桌子坐在船头学习，从夕阳西下到繁星满天。就在我沮丧地思考着没有许行舟，明天要怎么上学时，阵阵划水声就传了过来。

星星洒在水面上，少年乘着银河来。

他撑着小船一路划进我眼底，像一束光，照得我心湖波光粼粼。

许行舟拎着桨，把食指抵在唇上冲我"嘘"了一声，神神秘秘地冲我招手。

我鬼使神差地就跳到了他竹筏上，他轻轻抓住我的手，神情扭捏地说："男子汉大丈夫敢作敢当，我就带你上一次你最想去的岸上，当是赔罪。"

我听了很是感动，但感觉到他紧紧牵着我的手，又有点儿不好意思，"看你那么有心，我就原谅你了，但是你能不能先放手。"

许行舟摇摇头，一本正经地说："不行，万一你摔倒怎么办？"

那时的我面红耳赤地甩开了他的手，固执地不要他牵，就如多年后我决绝地离开，没有回头。

只是我没想到，自己真的会摔倒，不管是在海岸上，还是在时光里。

岸上是钢筋丛生的森林

许行舟领着我踏上岸时，我都仿若置身梦中，回不过神来。

我睁着好奇的眼打量这个完全陌生的世界，许行舟在我身后艰难地跟随着我轻快的步伐，一声又一声地叫着："姜绿水，别跑那么快！"

我并未理会，像粒尘埃一样，在人们身边飘来飘去。

一个戴着红帽子的大叔没注意看我，握着扫帚扫了过来，为了躲避扫帚，我往旁边一跳，结果重心不稳跌倒在地上。

许行舟急急忙忙过来扶我，见我膝盖擦破了好大一块，血争先恐后往外涌，他便恶狠狠地瞪着红帽子大叔说："你怎么能欺负小孩子！"

大叔也不是个好惹的主，况且错不在他，于是他两道大浓眉就倒竖起来，凶神恶煞地吼："是她自己跳到一边摔倒的，能怪我吗？"

自知理亏，我揪紧许行舟的衣角，道："算了……"

可话还没说完，那大叔就把我拖走，力道虽大，却不会让我觉得不舒服。

他把我拖到路边的长椅上，恶声恶气地说："坐着，不许动，还有你这个小子，也坐着！"

说完大叔就走进了药店，我和许行舟坐在长椅上面面相觑，在彼此眼中看见了疑惑。

一会儿，大叔就拿着一小杯水和一瓶红药水出来了，他蹲在我面前，一边没好气地教训我，一边细致地为我上药。

许行舟乖乖地待在一旁，好奇地问他："我还以为你是坏人呢，结果你居然给姜绿水上药，你是不是认识我们啊？"

"哼，给你们上药就不是坏人了？说不定我是想拐卖你们！"他给我上完药，又塞给我一张写了电话号码的纸条，然后才起身去拿扫帚，只留下一句"带着药快点儿滚回家"然后就离开了。

我看着他的背影皱皱鼻子问许行舟："你说他会不会是我爸爸？"

许行舟错愕地瞪大眼，对我不认得爸爸模样的行为表示深深的吃惊。

我挠挠头，十分苦恼，记忆里没有爸爸的模样，只隐约知晓他有双有力且温暖的大手，能毫不费力地将我抱起，他喜欢笑，而且笑起来声音大得像打雷。

看来回去要问妈妈拿张照片了，不然以后恐怕爸爸站在我面前，我都认不出他来。

黑 白 照

虽然上了岸，但我们并不知道能干些什么，新奇的风景看过后，岸上便没有了起初的吸引力。

我和许行舟商量了下，决定回家。

借着月光，竹筏轻轻地荡回我家船，看着黑漆漆的船，我犹豫了下，还是蹑手蹑脚地摸了上去，可还没等我向许行舟打手势让他离开，舱里突然就亮了起来。

我妈提着油灯走出来，看了我们一眼，淡淡地问道："那么晚，去哪了？"

我缩着脖子不说话，拼命给许行舟使眼色，他一头雾水地看着我，还不断地用嘴型问我"你说什么"。

我妈又很有威严地咳嗽了几声，许行舟瞬间立正站好，乖乖地汇报："我们上岸去了！"

我挫败地闭上眼，在心里大叫一声，完了。

果不其然，我妈冷笑了一声就提着灯回船舱里了，许行舟一脸茫然地看着我，"这算是没事了吗？"

没事！没事个头！没看到我妈把舱门都反锁了吗！

前一阵子，我和许行舟也是吃了熊心豹子胆，撑个竹筏就出海了，回来的时候，只见我妈扔了个垫子在船头，舱门却是紧闭的。

她一声令下，我就在门外跪了一夜，因为许行舟回家去了，所以他不知道这件事，但我脑海里至今仍对那天膝盖麻痹、全身发冷的感受记忆犹新。

我实在不想再体验一次了。

我哭丧着脸告诉许行舟也许我要跪一夜时，他一咬牙就上前去拍舱门，睁着眼睛说瞎话："姨，姜绿水是去找她爸爸了！"

他还说了一堆乱七八糟的话，我着急地想捂住他的嘴，却听"咔"的一声，我妈把舱门打开了。

她没看我们，径直地翻找着什么。

我和许行舟低眉顺眼地跪在一旁，大气都不敢出。

不知过了多久，我妈终于找到了她要的东西，随即，我就看见她递过来一张黑白照，照片上的男人微笑着，面容凝固成记忆里的一道刻痕。

"这就是你爸，以后别上岸找他了，我们找不到的。"顿了顿，她又撇开头淡淡地解释，"本来想等你十八岁懂事点儿再告诉你的，可没想到你居然胆子那么大，敢跑上岸去。"

我红着眼固执地冒出一句："我不信！"

我妈沉默了一下，再次开口："你刚出生那段时间，为了给你买奶粉，刮风下雨他都出海捕鱼，结果……"末尾的声音渐渐低下去，直至消失，语气里的寂寥揪紧了我的头皮。

许行舟担忧地看我一眼，小心翼翼地问："姜绿水，你没事吧？"

我倔强地摇摇头，咬紧唇没说话。

我妈也沉默地望着我爸的遗照，眼神昏暗不明，似乎陷到了回忆里。

我没想过十六年的盼望和等待会是这么个结果，越想脑袋越乱，舱里凝重的气氛像双手扼住我的脖子，让我快要窒息。

于是眼眶一热，我闷头冲出了船，结果因为跑得太急，牵动了膝盖的伤口，我当即疼得腿一软，整个人滑进了海里。

带着咸味的液体从四面八方涌来，就要将我淹没，这不是我第一次落水，却是第一次我没有想爬上去的念头。

我泡在海水里，像泡在自己的眼泪里。

那个为了帮我取名翻遍了整本新华字典的男人，他笑声如雷，有一双温暖的大掌，十六年里我一心一意地盼望着，等待将来某天，我还可以像别的小孩儿一样赖在他怀里撒娇，牵一牵他的手，让他教我游泳、扎竹筏，让他听我叫他一声爸爸。

没有人知道我在心里曾反复练习，怎么叫一声爸爸，才能把心里头的想念宣之于口。

我多想有一个人可以让我依赖，好让我觉得活着也不是那么累。

可原来能让我依赖的人，早就已经不在了。

我要离开大海

我再次醒来，喉咙痛得像火烧，脑袋昏昏沉沉，一种发烧的难受感贯穿全身。

我妈依旧在一旁默默地编着渔网，见我醒来就停下手里的工作，拿来一碗药喂我。

"下次跳海告诉我一声，我跟你一起去。"她轻飘飘说出一句，我心头颤了颤，立刻被呛到，剧烈的咳嗽让我眼泪都冒出来了，我妈轻轻地抚抚我的背，神情波澜不惊。

我咳着咳着就扑到了她怀里，放声大哭，她还是那样，有一下没一下地抚着我的背。

但我却分明感觉到了，她掌心的温度，透过衣服渗进皮肤。

那天之后我也没去上学，整天帮着我妈织渔网，不然就是坐在船头发呆，一待一整天。

许行舟总是千方百计地逗我，担心我从此一蹶不振，可我懒得理他。

直到他病急乱投医地问别人借来手机，拨通了红帽子大叔的电话。

在许行舟半强迫下，我听了电话。

"小妹妹，我听那个臭小子说了你的事。"许是不熟悉，隔着电话他没有了那种凶神恶煞的气势，局促的语气反而有点儿像……爸爸。

他说他的女儿如果还在，也像我这么大了，人的一生就是不断失去的过程，既然没有了依赖，就只能靠自己。

他还说如果我不介意，他来当我爸爸，让我努力点儿，考到岸上的大学，学费他负责。

我哽咽着问他，为什么要对一个陌生人那么好，他居然理直气壮地告诉我："谁说你是陌生人了，你现在是我的宝贝女儿了。"

一句话，击中了我心脏最柔软的地方，我低低地喊了声爸，最后泣不成声。

妈妈一直在旁边看着，等我挂断了电话，她就伸手抚上我的背，轻声说："你做什么，我都支持你，绿水……

妈妈只剩下你了。"

我一下没忍住，眼泪掉了下来，从小到大，她一直是不冷不热的，别人家的孩子会在自己妈妈怀里撒娇耍赖，可我从不敢对她这么做。

我也怀疑过她是不是不喜欢我，但我现在才明白，我失去了爸爸，她失去了丈夫。

这么多年，我们相依为命，是彼此的唯一，她怎么可能不爱我？

我吸吸鼻子说："妈，我以后不想再生活在船上了，我要搬到岸上去，你和我一起走好不好？"

抚摸我背的手蓦地停下了，我泪眼蒙眬地抬头看她，就见她用手背拭了拭眼角，轻轻地点了点头。

"砰"的一声，我转头看向舱门，许行舟不知何时进来了，就站在那，呆呆地看着我们，药汁洒了一地。

很快他就回过神来，慌乱地捡起地上碗，张了张嘴却又什么都没说就跑了。

我皱眉看着地上的药汁，这时妈妈却突然冒出一句："我都忘了这孩子在外面给你煎药……绿水，你确定要离开吗？那许行舟呢？"

许行舟？

我这才反应过来，如果我要搬到岸上去，就势必得离开许行舟，从此我们就是两个世界的人。

不行！没有我在的话，许行舟那个蠢材再惹王姨生气，谁帮他求情?

可……我环视一遍自己的家，破旧的木板、潮湿的空气、摇摇晃晃的生活，跟昨晚我偷跑到岸上看见的那些高楼大厦是多鲜明的对比，我想要过那种即使暴风雨来临也能睡个安稳觉的日子! 如果不是这片海，爸爸也不会离开我!

我皱紧眉挣扎了好久，突然灵光一闪，只要我说服许行舟也搬到岸上不就好了?

这么一想，我一把擦干脸上的泪，急急忙忙跨过一串串的船，去到许行舟家。

一到那里就看见王姨揪着许行舟的耳朵，教训他从一艘船到另一艘船时不要用跳的，万一踩破了拿什么赔。

我迅速上去解救许行舟，三言两语就把王姨哄得消气了。

于是我又抓紧时机切入正题，向王姨提议:"王姨，不如我们到岸上定居吧!"

没给她说话的机会，我从安全说到未来发展，甚至把为了下一代着想这种理由都搬了出来，可王姨听后只是叹息一声，问我:"丫头，你是不是知道你爸的事了?"

那一刻，我整个人都僵住了，虽然大概猜到大人们都知道我爸的事，就是配合我妈瞒着我，一次又一次地给我希望，可亲耳听到时，我还是禁不住生出怨气。

更致命的是，王姨接下来，毫不留情地拒绝了我的提议。

她说，水上人家，一生漂泊，既然在海洋启航，那终点就绝不会是靠岸，有人选择落地生根，那就必须有人选择世代守护。

她是后者，许行舟也必须是后者。

我不服气，她怎么能擅自替许行舟做决定？于是我转身要去拉许行舟，然而没想到，他侧了侧身，低着头避开了我伸来的手。

空气从我指缝中流逝，我明白这就是他的选择。

这代表，从此我为上岸定居所做的一切努力，都是在向没有他的世界决绝奔跑。

我怨念地看着许行舟，他没站在我这边，对我来说无疑是一种背叛，于是我握紧拳头，一字一句咬牙切齿地说："我知道了，再见！"

早已注定的离别终于到来

有些离别是早已注定的，大家心知肚明，却非得等到那一刻来临，才感觉到难过。

比如毕业，比如远行。

我用了两年，自学了高中的课程，跟我同龄的那拨孩子初中毕业后，都开始出海打鱼或是上岸打工，东边大船里没设置高中课程，我想方设法托上岸打工的小伙伴给我带课本。

很久后我都会经常回忆起这段时光——

夜凉如水，一灯如豆，我捧着书在船头埋头苦读，偶尔抬头，不远处就是许行舟撑着竹筏，静静地陪着我。

那是十多年来我与许行舟最和平的时光。

后来，我通过高考，考到了岸上的大学，大叔高兴得不得了，一个劲儿地让我们上岸，他要请客吃饭。

许行舟就带着我和妈妈去找了大叔，一行人去大排档点了一堆菜。

大叔永远学不会温和说话，几杯酒喝下去，就皱着眉很严肃地对我妈说："你啊，生活怎么苦，也不能委屈自己的女儿啊！"

我妈淡淡地扫了他一眼，"她现在不也是你女儿了吗，你对她好就行了。"

大叔一下子没话说了，但随即又特别高兴地招呼我们吃菜，他说他没想到有生之年还能看见自己的女儿读大学，所以特别开心。

我听得心底发酸，许行舟夹了一筷子菜放进我碗里，低声说："大概这是最后一次，我们坐在一起吃饭了。"

我低下头不敢出声，怕自己一心软，所有努力就前功尽弃。

吃饱喝足之后，我们就和大叔告别了，许行舟把我和妈妈送回家，我妈又把我推出来，让我和他好好说一会儿话，不然等开学，怕是今生再也难得几次相聚。

许行舟点点头，撑着竹筏在海面上来来回回荡，我用手在冰凉的海水里划来划去，不知怎么开口。

最终还是许行舟打破了寂静，可我没想到，他说："姜绿水，你走的时候我就不送你了。"

毕竟是从小一起长大的人，我瞬间就明白他想说什么了，"嗯，你不来最好。"

不能让我梦寐以求的向往在一场离别里变得悲伤，既然是我自己选择的，那就不能哭。

我们都不舍得，但我们都不能后悔。

今 日 一 别

我离开水上人家的那天，难得下起了细雨，妈妈把行李交给我，说等我毕业了，就接她上岸去。

我撑着伞强忍泪意微笑点头，目光扫过那片涟漪圈圈的海，想不到这就是我生活了十八年的地方。

许行舟果真没来，可我仿佛能看见很久之前，我和他生气的那个晚上，星光洒在水面上，少年乘着银河来，他将永远是惊艳了我青春时光的一抹月色，往后纵使沧海桑田也永远不会忘。

那么，再见了，许行舟。

你有你的坚守，我有我的倔强，人生本就是一个不断努力向前的过程，我们终将踏上不同的轨迹，今此一别，愿山高水远，来日还能再相见。

来自蜗牛小镇的女孩儿

来自蜗牛小镇的女孩儿

布 鱼

蜗 牛

她做许多事情都很慢，写作业慢，吃饭慢，走路也慢悠悠的像个蜗牛，成绩也是被甩在全班最末尾。终于有一天，班上最高傲的洛子川也极不耐烦地问："何嫚嫚，你是蜗牛吗？"

她却没有生气而是开玩笑地说："哈，你猜对了，我来自蜗牛小镇。"

众人哈哈大笑，从那以后，她便有了一个外号，叫蜗牛。

更要命的是，她情窦初开也慢。当周围的同学们都着急地喊着，再不早恋就没机会了的时候，在偷看了洛子川好多年后的某个下午，她才终于开窍了。她慢悠悠地从偷看洛子川的状态中移出来，对同桌苒苒说："我好像喜欢上洛子川了，你说他会喜欢我吗？"

此时，已经在早恋和分手中游走成精的同桌苒苒却拍了拍蜗牛的肩膀说："嗯——我看悬！"

同桌一句话，气得她几天没吃早饭，但她却坚持给洛子川买了早饭。就这样蜗牛追求小竹马的爱情长跑浩浩荡荡地拉开了帷幕。

听说，你要追我，是吗

她每天起很早，为洛子川买早饭和热牛奶，还帮他把桌子擦干净，有时候还会帮他把凌乱的抽屉整理整理，真是一个勤劳的好姑娘，但，这样做的结果只是让洛子川反而找不到自己的东西了。

对此，洛子川感觉很恼火，很想找她谈谈，让她停止那些愚蠢的行为。

并且在接下来的运动会上，只要有洛子川参加的项目，必有蜗牛的呐喊声，那杀猪般的"洛子川，加油"的声音，抵得过人家对手一排女生的呐喊。

但是，蜗牛喊就喊呗，却偏偏在人家洛子川最后一场撑竿跳跳到最高点的时候，急切地喊了一句"洛子川，加油"，那杀猪般的呐喊声反倒让洛子川恍惚了一下，结果，成绩倒数了。

这简直就是，赤裸裸的"帮倒忙"啊！

蜗牛也自觉太过了，杵在一边，木头似的却又很委屈的样子，洛子川更加无语了，很久才没好气地对蜗牛说："听说，你要追我，是吗？"

何 嫚 嫚

蜗牛的脸瞬间就红了，刚想说点儿什么，或者是再矜持一下，或者是再委婉一点儿，但洛子川依旧没好气地说："先跑过我再说，跑不过，就别追了！"

蜗牛愣住了，这算是委婉的拒绝吗？

运动会已近散场了，只有他们班的同学都还围在跑道上，静静地等待着这场独一无二的加时赛，不过他们中，绝大多数是来看蜗牛笑话的。

"你是女生，我让你，你两圈，我三圈，谁先跑完谁就赢，公平吧？"洛子川说完，又对蜗牛的同桌莳莳说："你来做裁判。"

比赛开始，加油声响彻整个操场，班上女生齐刷刷喊："洛子川，加油！"班上男生竟然也恶作剧一般齐刷刷喊："蜗牛，加油！"

那一天，一向慢吞吞的蜗牛终于飞奔起来，打破了她十几年跑步速度的最高纪录。可最后，洛子川更是装了发条一般，硬生生在让了蜗牛一圈的情况下，还是甩了蜗牛一大圈率先抵达终点。

女生欢呼，男生叹气。作为蜗牛同桌的苒苒也不得不叹气地宣布："洛子川赢。"

可蜗牛仿佛没听到这些一样，还是继续跑，继续跑，直到她跑完了两圈的时候，苒苒大喊："蜗牛，不要固执了，没用的，你已经输了！"

蜗牛依然没听到一样，继续跑，继续跑，在一旁看着的男生女生都只是觉得莫名其妙。洛子川也不耐烦地喊道："喂，蜗牛，愿赌服输，好吗？"

可蜗牛不管，只是往前跑着，最后，大家也懒得搭理了，到饭点儿就自然散了。只有蜗牛还在跑着……

所有人都以为她是太执着，可只有她自己知道，她只是在享受这场马拉松一样的长跑，和沿途的风景而已。

最后的最后，蜗牛晕倒在了操场上，被紧急送往医院，那场加时赛才算完。

从那以后，班上男生女生都不敢惹她了，这样一个拼命十三娘，谁敢惹啊，大家只是能躲则躲，然后她"蜗牛"的外号便更加火了，渐渐的，她和"蜗牛"就画上了等号，很少有人记得，她其实也有一个很普通的名字叫"何嫚嫚"。

不过有一个人还记得这个名字，他是张奕。

张　奕

　　张奕就是那天第一个冲上去将蜗牛送到医院的男生，他以前就注意过蜗牛，他说这世界上怎么会有这样好玩的女生，真特别。为此，他还有事没事就往蜗牛班上窜，甚至大扫除的时候，他也兴冲冲地跑到蜗牛班上帮忙……

　　但那天见识到蜗牛为了洛子川，不要命地在操场上狂跑的时候，他忽然觉得，蜗牛一点儿也不可爱，而是可怕，喜欢一个人真是痴迷到丧心病狂的境界。

　　"何必呢？"张奕在蜗牛醒来后这样问她。

　　蜗牛没有说话，只是把头埋得很低，很低，但你还别说，真像一只蜗牛。

　　后来蜗牛回了教室，她安静写作业，默默看书、听歌，静静在草稿纸上写密密麻麻的字，只是再也不敢打扰洛子川了。而洛子川呢，他觉得效果达到了，那个烦人的蜗牛终于不会给他帮倒忙了。班上的同学们开始会有一点点同情蜗牛，久了，也都不再注意她了，仿佛一切又恢复了平静。

　　只有张奕还像往常一样，有事没事就往蜗牛班上窜，惹得班上女同学羡慕嫉妒恨，她们说蜗牛简直就是撞大运了，没有追到洛子川，却有了比洛子川更"男神"的张奕可怜，这就跟掉了个iPhone 4却捡了个iPhone 6一样！

蜗牛没有理会，张奕也没有理会。

再后来，蜗牛一心扑在学习上，华丽地从一个学渣变成了学霸，历经高考的洗礼，也成功考上了名校，和张奕一起上了大学。

暑假的时候，蜗牛还起早贪黑和张奕一起做起了代购，生意不错，两个人又摇身一变成了"小富婆"和"小土豪"。

何嫚嫚在《蜗牛》QQ交流群里，打完关于"张奕"的第四小节后，群里便炸开了锅。

有人评：哇，好励志的故事，可是好平淡呀。

也有人评：平淡才是真啊，挺好的一个故事啊，和《蜗牛》系列作品一样好看！励志！加油！

更有人评：你看或者不看，故事就在这里，不咸不淡……

何嫚嫚之所以会在这个群里写这样一个故事，是因为之前她在微博上写过的一个《蜗牛》系列作品，讲的是十二个不同行业"蜗牛"般不起眼儿的女生最后变得强大起来的故事，没想到引起了许多网友的共鸣，有热心的网友还专门建了一个QQ交流群。一方面，网友们确实很喜欢《蜗牛》系列作品，很多网友都说很励志；另一方面，大家一致要求何嫚嫚给《蜗牛》加一个番外篇。

最后的问题停留在一个网友提的问题：请问，这故事，是真的吗？我曾经也为了一个弹钢琴超级好听的男生而努力学过钢琴，不过后来他和别人在一起后，我就再也不碰钢琴了。

何嫚嫚回：如果它能打动你，给你一点儿启发，说明它是一个好故事，至于它的真假，或许没有那么重要。不过生活终究要你自己去把握，毕竟我只是一个讲故事的人。好了，故事还没有完，我慢慢讲，你们慢慢听。

原来是徒劳

生活毕竟不是童话，灰姑娘和王子牵手了也不代表着"从此他们过上了幸福快乐的生活"。

蜗牛和张奕虽然一起上了大学，并且走到了一起。可在大学里，一切仿佛又重演了一样，张奕就像当初的洛子川，受众多女生的追捧，而她却依旧默默无闻。张奕唱歌超级好听，有一众小粉丝跟在张奕后面不停地喊："歌神，歌神。"

每一次，那些妆容清丽的小女生腻歪歪地喊着张奕"歌神"，而张奕也是甜甜地回应人家的时候，蜗牛觉得自己身上有重重的壳，压得自己快喘不过气来了。

她于是和许多恋爱中的女生一样频繁地问张奕："你爱不爱我，外面有那么多漂亮的女生，你为什么会爱上我？"

张奕总是貌似有耐心却简单地回："因为她们不是

你，因为你很特别。"

"特别"，什么叫"特别"？自力更生做代购赚钱无法让她相信"特别"；四六级接近满分无法让她相信"特别"；年级成绩排名第一也无法让她相信"特别"，那到底什么叫特别？在蜗牛还没有搞明白什么叫"特别"的时候，却收到了来自那些清丽妆容的小女生的特别一击，有人用小号加她QQ，在她留言板上刷屏：你根本配不上张奕！

蜗牛没有声张，只是默默地删了所有的留言，关了空间，一个人坐在没有开灯的房间里，仿佛又回到了好几年前的那个操场，她满心欢喜地安慰着自己"只要功夫深，铁杵磨成针"，却在偌大的操场，被人狠狠地羞辱，"先跑赢我再说，跑不赢就别追了"，仿佛她是个害虫，而所有的人都在嘲笑她的不自量力和痴心妄想。好在，还有张奕，他竟然夸她特别，让她终于愿意相信这世界还是有人欣赏她的。

她照着镜子，终于暗下决心，学着宿舍的闺蜜，开始好好捯饬自己，穿衣风格大变，从前的齐刘海小短发也渐渐留长，最后弄成了大波浪，她也变成了一个不化妆就不出门的女生，光鲜亮丽，甚至说话的时候也不再像以前那样扯着公鸭嗓就大喊大叫了，而是细细地，慢条斯理地说着话。

她以为这样就能用所谓的改变来让张奕保持对自己的

新鲜感，直到大四的某一个晚上，她无意中撞见了有一个娇滴滴的女生趴在张奕肩膀上哭泣，张奕没有推开女生，而是慌张地，极尽温柔地安慰着。

她终于忍不住哭了，是难过，也是委屈，她只是觉得自己做了那么多，原来是徒劳。

洛 子 川

蜗牛没有跟张奕闹脾气，而是默默地报名参加了一个高校交流会，在四月的南方城市。那时候，她花了三年的时间，已经将《蜗牛》系列写到了第九章，在网上已经小有名气了，许多粉丝都在催着她赶紧写，可是她决定先缓缓，她需要先调整好自己的状态。

交流会结束的时候，蜗牛心不在焉地走在路上，走着走着忽然想起了自己的手机竟然落在会堂了，她猛地转头，准备回去拿手机，却差点儿撞上迎来的单车。单车上的男生于是紧急刹车，虽然避免了撞上蜗牛，但他自己却狼狈地跌倒在地了。

蜗牛满脸歉意地过去想要扶起男生，手伸过去，却在男生抬头的一瞬间愣住了，是洛子川！她从没想过会在这样的情况下再遇见他。她手足无措，却是他先说："你，没事吧。"

原来他已经认不出来她了，或许不是因为她的变化大，而是因为他以前就从未真正在意过她吧。蜗牛这样想着的时候，不免有点儿难过，她摇摇头，又帮洛子川一起扶起了单车。

在确认他没什么事后，她转身准备走掉，洛子川微笑着说："哎，你去哪里，顺路的话，带着你好了。"那样温暖的笑意，很久很久之前，她曾经幻想过无数次，却是在这样的时刻拥有了。

洛子川要带着蜗牛去找她的手机，他边骑车边回头笑着说："哎，我看你的书本，你是我们文学院的吧。"

"嗯——那个——"

"哎，我经常去你们文学院蹭课的，以后可以和你一起去吗？"

蜗牛不作声。

洛子川又紧张地说："你放心好了，我不会影响到你的……"

……

然后，洛子川带着蜗牛一起去找回了她的手机。

蜗牛礼貌性地笑着对洛子川说："谢谢，再见。"这不是蜗牛想要的相逢，这样的相逢只是再一次见证了他从前对她有多么的藐视，以及她总算相信了，就算从前她固执地跑完了那场比赛，他也不肯正眼瞧她一眼。

可这一刻的洛子川微微笑着，满眼温柔地说："听说岭北古镇上的桃花正开得灿烂呢，不如我们一起去看看

来自蜗牛小镇的女孩儿

吧。"

蜗牛还没有来得及说好或者说不好，就被洛子川拽上了他的后座。

嗯，该怎么描述，蜗牛情窦初开时喜欢的那个男生呢，他阳光帅气，但也骄傲到只对自己认可的人好，不认可的人，你对他再好他也无视你，同时，他以为只要是女生都不会拒绝他的邀请，他被太多奉他为"男神"的女生给宠坏了！

所以，在还没有问蜗牛姓名的时候，他就骑着单车拽着她说要带她去看桃花，一路上，洛子川就跟一个导游似的，叨叨叨个不停，一会儿跟蜗牛讲当地的故事，一会儿又停下来给蜗牛买些小玩意儿，完全没有一点儿陌生感，而蜗牛也只是紧紧抓住后座，小路石子比较多，有点儿颠簸。

在蜗牛的印象里，她从未见过如此着急表达自己的洛子川，所以大多时候，她只是沉默着，配合他微笑着……

洛子川是在一个盛开无比灿烂的桃树下问蜗牛："你相信一见钟情吗？"

蜗牛斩钉截铁地说："不信！"

洛子川温柔地笑了笑说："我以前也不信，可是遇见你以后，就信了，你身上有一种很特别的气质，我很喜欢。"

蜗牛冷冷地笑了，真讽刺，她以前那样喜欢过的人，却是在忘记她以后，又喜欢上了她，仅仅是因为某些他称之为"气质"的东西。蜗牛盯着洛子川看，满眼冰冷，"所以说，当一个男生喜欢着一个女生的时候，她哪怕是做错事也是可爱，当一个男生不喜欢一个女生的时候，她做再多事也只会令他感觉厌烦，是吗？"

"嗯，也可以这么说吧，但是，你干吗突然说这么深奥的话呢？"

蜗牛忽然大笑起来，"如果，我叫何嬷嬷呢？"

"何嬷嬷？"洛子川愣住了，听到这个名字，他觉得有一点儿印象，但仔细想想也没觉得有什么不同，毕竟也不过是个很普通的名字呀。

"当年，在市一中的操场上，有一个蜗牛一样的女孩儿，她喜欢一个男孩儿，却总是笨拙地好心办坏事，男孩儿生气了，当众说，如果跑不赢他就别追了，所以她拼命跑，拼命跑，她知道自己跑不过，她只是想要让男生看看，她也在很努力地跑着……于是所有人记住了，那个痴心妄想的女孩儿叫'蜗牛'，但很少有人记得，那女孩儿也有一个很普通的名字，叫'何嬷嬷'……"

"蜗牛？"洛子川惊呆了，他怎么也想象不出来，当年那个让他无比厌烦的"蜗牛"，竟然会变成眼前这个，让他居然产生了"一见钟情"感觉的何嬷嬷！他心里刚盛开的桃花，瞬间就蔫了。

世界上之所以有那么多的久别重逢的故事令人喜极而

来自蜗牛小镇的女孩儿

泣，是因为重逢可以延续温暖的情感。而有些重逢只会勾起伤痛，所以，在蜗牛和洛子川的重逢里，从他们认识之初就已经注定了，不欢而散……

番　外

张奕来找到何嫚嫚的时候，她正收拾着东西，准备返回学校。

他捧着鲜艳的玫瑰花，她依旧收拾着东西没有说一句话，她显然还在生气，为什么他的肩膀可以借给别的女生，她才没有那么大度，她才不要这么轻易就原谅他。

张奕说："嫚嫚，其实事情并不像你看到的那样，那个女生喜欢我，她情绪失控，我只是安慰一下她，她之所以哭也是因为我跟她说，我这辈子永远只爱何嫚嫚一个人，可毕竟是个女孩子，我也只是安慰一下她而已。我知道，我可能没有处理好，但是，请相信我……"

何嫚嫚嘟着嘴，"就算是这样，那也不许你把肩膀借给别的女生！"她说着，把行李都扔给了他，"给我听好了，以后只许我一个人！"

"好，好，好！"张奕紧紧跟在何嫚嫚后面，又嬉皮笑脸地说，"哎，对了，亲爱的，你的那个《蜗牛》系列，你赶紧写吧，你的几十万粉丝人肉到我，对我进行人身攻击，说什么我影响了你的创作，说什么要是我再欺负你，他们就组团来揍我，我怕呀……"

回学校后，张奕依旧是学校里众多小女生追捧的"歌神"，但他推掉了所有的演出，也拒绝了所有小女生的邀请，忙着做毕业论文，忙着陪何嫚嫚走过最后的美好的大学时光，而此时何嫚嫚也完成了《蜗牛》系列剩下的三章，他们都顺利毕业了，工作，又遇见新的矛盾，也有小的争吵，但终究还是甜甜蜜蜜地过着小日子。

但粉丝们好像还是不肯罢休，还强烈要求要番外，于是，她在某个风和日丽的好天气里，写下了一篇叫作《来自蜗牛小镇的女孩儿》的番外。

她在最后的结尾处写：如果你喜欢上一个看似不可能在一起的人，最万无一失的方法不是千方百计地讨好，而是努力做最好的自己。因为总有一天他会看到你的努力，并且这样即使追不上那个人，也能有资本遇见更好的人。

何嫚嫚在《蜗牛》QQ交流群里打完关于"番外"的第七小节后，终于满意地打了一个"完"字，长舒了一口气。

群里又你一句我一句炸开了锅。

还是有网友执着地问：请问作者，这个故事是真的吗？

何嫚嫚依然这样回复：如果它能打动你，给你一点儿启发，说明它是一个好故事，至于它的真假，或许没有那么重要。不过生活终究要你自己去把握，毕竟我只是一个讲故事的人。

这时候，正将一盘炒好的菜放到餐桌上的张奕凑了过来，"你干吗不换个名字呀，真是，万一我因此更出名了，又有各种小女生来找我要签名怎么办？你说我给还是不给呀？"

"你敢！"何嫚嫚瞪了他一眼，又嘟着嘴说，"想名字很烦的。"

张奕把做好的最后一盘菜端出来，"是是是，我的励志大作家，吃晚饭啦。"

何嫚嫚只是满足地笑了笑，说："谢谢你一直在我身边！"

"嗨，不客气，因为你值得啊。"

小笼包只是美得不明显

阿　杜

　　小时候，大家都夸我长得漂亮，说我聪明伶俐，但不知怎么回事，长着长着，我就长成了一个不美的女生。我个头不矮，一米六五的海拔在班上女生中也属中等，我也不胖，差一斤我才满一百斤呢。

　　虽然和那些身材骨感的女生比，我是丰满了一些，但即使这样，他们怎么就能够叫我"小笼包"呢？说我的脸圆，显胖。真郁闷！哪个女生愿意被人叫成"小笼包"呢？他们还说我的鼻子不够挺拔，眼睛鼓了些，属于"金鱼眼"……我有那么难看吗？

　　"你是没那么难看，但也属于不美的女生。"同桌管泉一针见血地贬低我。

　　我恼怒地反击："我是不美，但至少比你强，人长得不帅就算了，连名字都俗气到底。"

管泉一直很烦恼他的名字，连他自己都说俗气得没脸见人，不过，这是他爷爷临终前给取的名字，由不得他。

见我故意提到他的名字，管泉的脸涨得通红，他愤怒地嚷嚷："唯女子与小人难养也。"

"管泉？你管水还差不多。我是女子，你是小人，我们一样难养，不信，回家问问。"我伶牙俐齿地将他堵得哑口无言。

不欢而散后，管泉准备一走了之，可这家伙，临走还故意气我，"长得不美，嘴巴还这么刁，以后谁要娶了你，倒霉一辈子。"

我和管泉的口舌之战每天都在进行，不是我被他气得胃胀气，就是他被我气得跳脚。时常在想，如果是两个男生这样吵，最后会打起来吗？不知道，反正我和管泉之间没有打过，虽然好几次都一触即发了，但最后还是以他撤离结束。

有一次，管泉要和我"称兄道弟"，说是好兄弟得握手言和，再不能吵嘴了。

"我不，谁和你是好兄弟？如果你愿意当我的'好姐妹'，我收下你。"我稳守中场，寸步不让。如果有个"男闺蜜"陪在身边，倒也是件不错的事。

"'好姐妹？'你没发烧吧？我——"管泉指了指自己，"我当你的好姐妹？"

"是呀，行不行？"我很肯定地回答他。

"倒不是行不行的问题，我是怕拉低你的颜值分。你想想，你已经不美了，再说我，你也说过，我不帅，丑女搭丑男，这不是丑上加丑吗？"管泉说得一本正经，却把我气得暴跳如雷。

他怎么拐着弯骂我？我虽然不美，但从来也不"丑"呀。于是愤然而起，指着他说："你承认自己是丑男，我可不承认自己是丑女。我只是不美，知道吗？不美，不代表就是丑！"

管泉一脸无辜地望着我，叹了口气，轻声说："让你当我兄弟，你偏不。好兄弟有什么不好呢……"

不美的女生也会受到骚扰，因为漂亮女生往往都有人保护了。

那天晚自习结束回家的路上，我就遇见了两个年纪与我相仿的男孩儿，也不知对方是学生还是小混混，他们叼着烟，两手叉腰，虚张声势地朝我吹口哨，然后喊道："喂！妹子，停一停，咱们交个朋友？"

我停下脚步，心虚地抬头瞟了眼他们，手紧紧地拽着书包背带，紧张得掌心都沁出汗水了，但还是故作平静地说："我们认识吗？帅哥。"虽然我是练中长跑的，但背着书包，而且对方是两个男孩儿，我能跑得过他们吗？

"交了朋友就认识了。"其中一个穿卡通T恤的男孩儿说。

我暗自思忖，想撒腿就跑，但看样子，他们也在紧紧地盯着我，怕我偷溜。

另一个穿背心的男孩儿向前走了一步，他没吱声，但眼神挺凶。

我下意识地后退了一步，汗毛都竖起来。还好，我不是那种娇弱的小女生，要不都被吓哭了。壮壮胆，我说："对不起！我爸一会儿就来接我了，他不喜欢我和陌生人接触。"我故意吓唬他们，其实也在后悔，当初干吗要拒绝老爸晚自习后来接我呢？

我知道老爸不会来，只是想吓唬那两个男孩儿，可要是他们不走呢？我怎么办？我能跑过他们吗？在我犹豫不决时，我突然听到身后传来管泉的声音。

"喂！小笼包，干吗走那么快呀？大部队还在后面呢，你就等等大家吧。"

听到管泉的声音，我松了口气，即刻也明白了他的弦外之音，于是应道："你们都搞什么呀？走那么慢。十几个人一起压马路呀？"

偷偷瞥见那两个男孩儿互相对视一眼，朝管泉来的方向看了看，然后迅速跑了。

在管泉走过来时，我差点儿栽倒，一把抓住他的手，说："还好，你终于来了。吓死我了。"

"终于知道有个好兄弟的作用吧？怎么样？让兄弟我保护你。"

我撇撇嘴，突然想起什么，大声说："你刚才叫我什么？"

管泉不应，撒腿就跑，我追着他，一路大叫："你再叫我'小笼包'，我掐死你。"

管泉的出现，终于帮我解了围。虽然我们还是吵吵嚷嚷，但我对他却是心存感激。只是事后，我突然想起一件事。

管泉和我不同路，虽然跟我一路走，他也可以到家，却要绕道，多走十几分钟。他怎么会跟在我后面，在我遇见危险时，及时出现呢？他是想来个"英雄救美"吗？是巧遇还是……我看过很多的侦探小说，这时开始发挥作用了。

"说，你那天晚上怎么会跟着我？好巧呀？"我一把扯住管泉的袖子，严厉地问。

"你不要用这种眼神看我，太凌厉了，我会受伤。"管泉故意油腔滑调。

"那你告诉我，为什么呢？"我放低声音，凑在他的耳边。

"慢——"在关键时刻，后桌男孩儿突然大喝一声，吓得我和管泉都跳了起来。

"搞什么呀？发病呀？"我愤愤地转头骂。

"悬崖勒马，回头是岸，两位施主。"后桌男孩儿神神道道。

我和管泉都被他逗乐了，各自发出一记"白眼球"赏赐他。后桌男孩儿知趣走后，我还是不依不饶地问管泉："说呀，要不，我真生气啦，还说什么好兄弟，你什么都不告诉我，还骂我'小笼包'，我再也不理你了。"

我佯装生气，管泉终于说了。原来他自从学校要求晚自习以来，一直在放学后跟着我，送我回家，然后他才回去。他说虽然多走点儿路，但这样刚刚好，他锻炼到身体了……

管泉说得轻松随意，好像他天天在暗中保护我，送我回家只是件举手之劳的事，但我怎能无动于衷呢？每天十几分钟的路程，是不太远，但要天天坚持，却也是难能可贵。我动情地说："谢谢你！管泉，你能天天保护我这个不美的'小笼包'回家，我很感激！"

"别这样，我们是'好兄弟'嘛，我说过的，我保护你。"管泉摆着手说，一脸诚恳。

"我知道的，如果我不是'小笼包'，不是不美的女生，你肯定就愿意当我的'好姐妹'了，你那心思，我还不明白。算了，兄弟就兄弟。"我豪气地说，却仍止不住有些伤怀。

"呵呵，小笼包美不美，那得看她在哪部戏里，《神雕侠侣》里的小笼包可是《那些年，我们一起追过的女孩》里的全民女神哟！这你都不懂，落伍了。"管泉一脸神秘，然后开怀大笑。

我也跟着笑起来。我怎么会不懂呢？心里正偷偷地乐得欢。

无人宠爱沈璎花

玻璃沐沐

七日断肠散，含笑半步癫

最近我很伤心，一伤心就暴饮暴食，一吃得多就长肉就抗拒穿裙子，一穿不进裙子就懒得一层水一层乳液一层精华地敷面膜。

连脸和身材都可以不要，别的就更不重要了。艺术系后天要举行舞会，不参加；某明星要来会展中心宣传新电影，不关心；这学期的线性代数估计要挂，肯定救不了了；顾凡终于有了个女朋友，据说奇丑无比，五大三粗……转念一想，管他呢，爱谁谁。

这一系列连锁反应的后果是我从尚可入眼的窈窕少女瞬间被打回原形。快被楼下的鬼吼鬼叫吵死，我像影子一样飘出宿舍，飘下女生楼，飘到欧世杰面前。

我把脑门儿上的齐刘海儿掀起，架上框架眼镜，顶着几颗新生的痘痘，穿一身淘宝廉价大嘴猴睡衣，对着欧世杰打了个大大的哈欠，他不屑地看我一眼，"大婶，您哪位？"

以貌取人是可鄙的，我恼羞成怒，"好，算我看错你了，我们友尽。"

欧世杰忙大梦初醒一样回过神来，"哦，沈璎花啊，您最近脱胎换骨哈，不能怪我眼拙没瞧见，实在是……"

迫于我带着重重杀机的眼神，他终于顿了顿，片刻后又补充："忒儿难看了点儿。你不要老是小白兔装大老虎，你装得累我看着也辛苦，何必呢。"

我不是对手，绕开话题，"叫我出来干吗？"

他摊手，"电话不接，微信不回，只好亲自出马跑到你楼下喊你了。"

"什么事？"

"东街那家海鲜店做活动满一百送五十，我请客。"

"没心情。"

"就因为顾凡？哈哈哈。"

欧世杰的笑声戛然而止，他用一种惊恐的神情看着我，扼住喉咙，倒退几步，周围飘过好几缕看神经病一样的眼神，有女生捂嘴笑着跑过。

"你，你，你给我吃了什么东西，七日断肠散，还是含笑半步癫？"

我终于很给面子地笑了笑，"演，你给我接着演。"

海鲜店里，我面前的鱼刺虾皮蟹壳堆积成山，欧世杰看我跟手里的蟹钳较着劲儿，一丝丝肉都不肯放过，忍不住把手里的螃蟹身子塞到我手里，然后用给宠物喂食的欣慰眼神看着我。吃着吃着，我突然忧郁了起来，"师姐，我很难过。"他咳了咳，"我是欧世杰，不是欧师姐。"

我的眼泪流下来，他叹口气，用哄小孩儿一样的语气说："好啦乖，有多伤心，告诉师姐，师姐替你出气。"

完美人生里的唯一败笔

我和欧世杰认识十年了，从初二那年起，再没人比他对我更好。那一年我还是丑丫头，他就看上了我的内在美，光天化日众目睽睽往我课本里塞一封情书就对我表白了。

这一切把我惊着了，我是觉得自己思想纯洁行为幼稚，好好学习招谁惹谁，他为什么要来打扰我的平静生活。我当时矫情，没来由地对喜欢我的人讨厌无比。

我把情书撕碎撒在他的课桌上，从此不再和他说笑。

想想真是青涩时光。

欧世杰总共对我表白过四次。

升高一他说："我们都是高中生了，可以谈恋爱

来自蜗牛小镇的女孩儿

了。"我无动于衷。

升高二他说："你想谈恋爱的时候一定要来找我，别人我不放心。"我觉得他真是好笑。

高三他打电话到我家问我妈我报什么大学，我妈特实诚，觉得这小孩儿真执着，又勇敢，成绩也好，就出卖了我。

我回家知道后还郁闷了一整天，我妈笑着说你还是那么矫情。

进大学后，欧世杰郑重找我谈了一次话，探讨他哪里差了，让我这么不屈不挠地使劲儿拒绝他。我答不上来，敷衍他说："可能是拒绝你成习惯了吧。"

他说我太不严肃，这是对他的轻慢。

我只好进一步挖掘自己的内心。

"也许你太没有距离感，这么多年总在我身边，没有爱情产生的天时地利，那种怦然心动，那种思念折磨，那种全心交付，那种随着时间层层递进的感觉，对不起，我从你那里找不到。"

我的认真使得空气里一片静默。

"对不起。"

他开始奋力地分割牛排，还不忘招呼我赶紧趁热吃，却不记得往自己嘴里塞一块，他终于把牛排切得七零八落，全都冷掉了，灰色，油腻，食欲全无。

"那你现在还讨厌我吗？"他问。

我很想硬下心肠说，讨厌，很讨厌，以便让他离我远一点儿，有空去看看别的女生是多么美丽动人。可我终究也长大了，我已经做不到像个初二小女孩儿那样对待他。

我摇摇头，"你很好，非常好。"

他也自嘲地笑笑，"是啊，我也这么觉得，长得帅，家世好，脾气好，唱歌好，打篮球好，数理化都好，沈樱花，你几乎是我完美人生里唯一的那一点儿败笔。只要你需要，我随时出现。"

我第一次真正被欧世杰感动，以至于没有急着纠正他前半段话里的自大和偏差。

可是我仍然说了对不起，我告诉他，我有喜欢的人了，很早以前就动了心，机电的顾凡，你认识的。

校园百大美女排行榜

欧世杰是唯一不把我失恋当回事的人。

当周围人都在感叹顾凡女友怎么那么丑的时候，她们还不忘安慰我，不用难过，她真的没你好看，真的。

好看有用吗？好看能让顾凡喜欢我吗？我怎么就不能变肥变懒变丑，我失恋了呀。

欧世杰近来对我不耐烦得很，动不动泼冷水，"你就从来没恋过好吗？光会纸上谈兵。"

对啊，我喜欢的顾凡，校学生会主席，连续两年国家奖学金获得者，勤工俭学狂人，一直谦虚低调地帅着，因为班里事务跟他有接触，我有他的手机号，有他的微信。

我也见过他女友，细眉细眼塌鼻大嘴，一笑露出十二颗牙，外国人眼里的传统东方美女形象，可惜在这里没用。身材不好，也不会穿衣打扮，浑身上下简直没有一丝闪光点，校园百大美女里排不上号的人物，百大学霸肯定有她，可惜没有百大学霸。

顾凡简直瞎了眼。

欧世杰说："我和你的意见完全相反，顾凡一个沉迷小官场向往大权力，鄙视小言情熟读厚黑学，外表朴实内心圆滑，看着正直其实未必的人，也就骗骗你这样的无知少女。倒是他女友，是个老成持重有头脑的好姑娘，和顾凡堪称最佳战友。"

我鼻孔冒烟，"你怎么不直接说她是大婶。"

欧世杰对着我发出一长串的呵呵，"你二十年后肯定是大婶，她二十年后没准比你还显年轻些。"

我更加难过，呜，以前的欧世杰不会对我这么说话的。现在一切都变了，有种被全世界抛弃的感觉，可是完全没有理由抒发。

校园百大美女是以前欧世杰告诉我的，在男生宿舍广为流传的一份榜单，他当然不会平白告诉我毫无意义的事情，他是专门说来哄我高兴的。

因为，我好歹也曾经在百大美女榜中排过第九十九名的。只是这个名次一看就比较危险，新生入学俩月后我就被无情地踢下榜去。

欧世杰说："你为什么喜欢顾凡？如果你能说出具体翔实的理由，我就帮你把他女友从他身边撬走成全你。说不出你就别在这哭哭啼啼叽叽歪歪一副死样子做给谁看。有本事你到他跟前哭去啊。"

我虽然生气，但是很快陷入苦涩的甜蜜，有关顾凡的，温柔的初遇。

喜欢一个人，原本就毫无道理可循

我从小到大都是个奇怪的人，说来可笑，十二三岁的时候就梦到过将来的结婚场景，我描眉画眼，穿一袭白纱，我身边的那个人，板寸，乌眉，单眼皮，白皮肤，一米八的个子，一身剪裁合体的西服，不能再好看了。

这个梦太过清晰，后来我在电脑课的机房里见到顾凡的第一眼，竟然有梦想成真的幸福感。顾凡正在帮任课老师解决电脑问题，我坐在下面忘我地伸出手大喊一声："那个网管你过来。"引发一片窃笑也顾不得了。

后来我参加的社团有到一系列优秀企业参观的活动，有天去可口可乐公司，我在报名表上意外看见顾凡的名字，就欣然前往，参观的时候使劲儿喝免费可乐，以至于肚子胀气直喊疼，返程我直接跳上顾凡的自行车后座说：

"学长，我不舒服，麻烦你顺路带我回学校。"就一路抱着他的腰回了宿舍。单车，白马，少年和美女，多么和谐的画面。

再后来在校外小饭馆遇到顾凡和一帮人吃饭，我抬腿进去把账付了。

再再后来学校舞会，我拒绝掉一众形象差的男生邀请，径直朝风度翩翩的顾凡走去，结果意外被拒绝，丢掉好几层面子。

再再再后来顾凡在KTV过生日，我早早打探好房间号，兴冲冲地买了个蛋糕，穿了最好看的裙子和高跟鞋，风情万种地将花捧到他面前，边走边犹豫要不要学梦露唱"祝总统先生生日快乐"。

最后大家都知道土木的沈璎花在追机电的顾凡。

这一场倒追轰轰烈烈，我以为被我喜欢的男生应该觉得万分荣幸、面上有光才对，可是顾凡的狼狈，有目共睹，我却看不见。

我一直以为是我外表冷淡拒人于千里之外，所以顾凡才没有回请我吃饭。

一定是我太羞涩以至于语焉不详，所以顾凡才迟迟不来找我约会。

一定是我没有把意思表达清楚，所以顾凡才不敢对我表白。

顾凡太稳重了，根本就不是儿女情长的人，可是人人都凑到他面前说沈璎花不错，让他招架不住，所以他才找了个哪里都不出众的女朋友当挡箭牌，一定是为了气我，一定是。

欧世杰对我嗤之以鼻，"屁，你真是想太多了。"

花样秀恩爱，会不会死得快

我决定拉欧世杰来帮我刷点儿存在感。

我成了微信朋友圈里大家所不齿的典型。

我一边摆出疗情伤的样子转身火速投入欧世杰的怀抱，一边执着地狗腿地成为顾凡每条说说下面的点赞狂魔。

我变成不疯魔不成活的段子手，我的不加节制让大家的朋友圈成了无数小粉红的海洋。

周一我发：走在路上被人搭讪。我家世杰说，以后包严实点儿再出门。

周二我发：收快递收到手软，好多礼物啊，世杰要不要这么贴心。

周三我发：手机变慢了啦，都发不成朋友圈了呢，世杰答应过给换个新的呢。

周四我发：周末爬山，有没有要去的，报名找世杰。

周五我发：吃点儿烤肉，喝点儿小酒，和世杰看星星看月亮，从诗词歌赋谈到人生哲学了呢。

直到某天习惯性刷微信，收到了顾凡有史以来的第一个赞。

我举着手机在欧世杰面前晃晃，有点儿迷惑，随即又高兴起来，"他有反应了。他还是在乎的。他点赞一定是为了掩饰，他其实很生气这件事。"

欧世杰正在给他送我的爱心小饼干拍照、修图，我曾问他烤饼干不是女生的戏码吗，你竟然抢我戏份，没想到他深情款款地恶心我，"为了你，我愿意做这种娘娘的事情。"

呕。

但此刻他却闹了脾气，把爱心小饼干往地上一扔，走出自习教室。我撇嘴，反应真大。

欧世杰决定不陪我玩了。他对我的态度从百般讨好到不卑不亢，没事损两句，最后发展成了吵架，每天不吼我几次不痛快。

我还不能抱怨，发个朋友圈，真衰，欧世杰竟然敢不理我。

有人回，哪里有压迫哪里就有反抗。

有人出来说，一切不以分手为目的的吵架都是在秀恩爱好吗。

再后来就看到顾凡的回复：真傻，如果你发这些是想达到其他的什么目的，那么大可不必，你俩耍花枪要耍多久随便，别拿我当垫背，自欺欺人就没意思了哦。

我回复：什么意思？

顾凡回复：没有一个男生喜欢被利用的感觉，如果他愿意陪你演戏，那么他才是你真正应该珍惜的人。

谁的自尊更珍贵

我从没想过有这么一天，会被众人用怜悯的目光看了又看。

生活用血淋淋的现实给我上了一课，女孩子要有女孩子的样子，即使本质上再大气豪放，装也要装得矜持内敛害羞答答，这是颠扑不破的真理。

大张旗鼓地追顾凡，结果人家火速牵手正牌女友；没羞没臊地拉着欧世杰秀恩爱，结果这位仁兄转身去了实习公司躲我远远的，据说还和同一栋办公楼里别家公司的实习小师妹打得火热，这叫我情何以堪。

欧世杰这次是铁了心不理我了。可奇怪，我竟然有点儿想他。

于是我矜持了一周，有点儿忍不住，决定召唤他。

我给欧世杰打电话，"哎呀，不好了，你送我的移动电源是假冒伪劣产品啊，竟然在宿舍里就爆炸了啊！"满心以为他会着急忙慌地火速跑回来见我，结果他颇为冷静地问："炸着手了？炸着脸了？还是炸着屁股了？严不严重？"

我一时语塞，但底气不减，"呃，屁股你个头，当然是脸，炸着手了还怎么打电话？"他又问："那毁容没？"我很生气，"快了。"他才慢悠悠地说："那就是没大碍了，要不要我帮你叫个120？"

我"啪"地挂了电话。

隔天我又打给欧世杰，"哎呀，不好了。和网友见面，那帅哥一见我就说要请我吃豪华大餐，整个就餐过程极为愉快啊，相谈甚欢，简直相见恨晚啊。"

欧世杰不耐烦，"说重点！"

我翻了个白眼，"这叫渲染懂吗？结果结账时候人家跑了，怎么我总是碰上这种极品？我钱没带够，你能快点儿过来吗？江湖救急啊兄弟。回去顺便帮我把他号给黑了先，我就不信他不哭着来找我。"

欧世杰默默挂了电话，结果来付账的人是顾凡，他仿佛终于松了一口气地说："上次欠你的，我还了啊。"

"谁要你还？"我灰溜溜地跟在顾凡身后，听见他若有若无地叹了口气。

"你是个好姑娘。"他幽幽地说，我感到毛骨悚然，他是在发好人卡吗？对我他发得着吗？这厮也太自以为是了。

不知道什么时候开始，我对顾凡的感觉淡了下去，可能是因为对欧世杰的感觉冉冉升起，此消彼长，亘古天理。

顾凡再次开了腔："我要是在天涯论坛上，应该是个典型吧，就是那种，喏，凤凰男，你应该知道的，家境不好，自身条件还可以，有长相，有能力，拼命奋斗，一心向上爬，我很清楚我要的是什么，也很明白自己对女孩儿的吸引力，可是，爱情对我来说，最好是有用的，而不是那些你们小女生脑子里的体贴温存和风花雪月。"

顾凡背对着我，夜色中他的背影有着遗世独立的清高与孤独，让我看得鼻子发酸，莫名地就落了泪，我曾经那样无厘头地喜欢过他，即使现在不了。

我不想说他功利，不想说他出卖爱情，不想评价他的才华和野心是否匹配，可是就凭这份坦白和自省，我依然敬佩他。

如果你累了，第五次表白，交给我来说

因为那次交心，我和顾凡终于有了一种朋友间才有的默契，所谓君子之交，大概如此吧。

我成为顾凡工作上的好助手好搭档，生活中仅次于女朋友的异性，如果他的梦想如此不易，我愿意为他的人生履历增砖加瓦。

我依然保持着三不五时骚扰欧世杰的习惯，拿着手机自说自话，不管他想不想理我，爱不爱听。

很快毕业了，顾凡如愿以偿留校做辅导员，我签了

一家台企，总是飞来飞去，只有欧世杰，他从实习单位离开了，没有找工作，我猜他也许是为了躲避爱慕他的小师妹。我见过那个小妹妹，太黏人了，是个男的都受不了。

记得毕业前最后一次打给欧世杰，是在一个喧闹的下午，开场白仍然是那句听起来很不吉利的"哎呀，不好了"。

"搬家砸着脚了，你能来帮我搬行李吗？"

欧世杰的声音里有种深深的倦意，"沈璎花，你这样好吗？你在我和顾凡之间摇摇摆摆，用我刺激他，用他刺激我。我曾经以为我的执着能感动你，可是你却毫不在意。我也会累，十多年了，我开始不确定你还是不是我的那个女孩儿。"

我一下子就哭了，泪水顺着话筒流下来，砸在脚面上，真痛。

"欧世杰，我们十岁就认识，从我十四岁起，你总共对我表白了四次，现在我二十四了，如果你累了，第五次表白，交给我来说。"

"欧世杰，沈璎花喜欢你，你愿意接受我吗？"

用俗气一点儿的话说，我从此迈上了幸福的康庄大道。我和他都还有点儿不适应，可是很快见过父母，我们做朋友做惯了，猛一下并不知道怎么做恋人。

装修新房的时候，因为意见不合，我踢了他一脚，他瞪眼，"你再打我一下。"我又踢一脚，他说："有本事你打一百下"。我突然就笑了。他终于恢复成原来的那个人了，那个无限纵容我的无理取闹的人终于回来了。

其实我并不算是一个非常缺爱的人。也许五年前，我只要一点点爱就饱了。也许三年前，我需要的爱又多了一些，也许一年前，我的胃口慢慢变大了，也许现在，除了欧世杰，没有人能满足我对爱的索求。他是个不怀好意的人，他把我的临界值一点点提高，除了他，我已经不能再适合其他的任何人。

欧世杰问："你为什么喜欢顾凡？"我说："因为一个梦。"

他说："真巧，我也梦到过相似的场景，你描眉画眼，身着白纱，身边却站了个呆头呆脑不解风情的家伙，太不般配。我一时义愤填膺，上去抢了个亲，拐跑了新娘子。就是这样。"

陪候鸟小姐去旅行

十一醉

少　年

候鸟小姐是艺术生，在大家都被高考折腾得不成人样时，她已经过了广美的考试，即便不参加高考也无所谓。

所以她兴奋地背起行囊，来了场说走就走的旅行。

当她身在周庄小舟上时，终于接到了路然的电话，在出发前她就给他打过招呼，但那时候他忙着复习并没怎么理她，所以现在接到他的电话，候鸟小姐多少有点儿意外。

"你现在在哪？"路然的声音听起来很紧张，候鸟小姐小声地说完"我在周庄"之后，他便冷笑一声挂了电话。

候鸟小姐感觉很莫名其妙，再打回去却得知对方已关机，她好像惹他生气了，可是她做错了什么？

旅行的好心情消之殆尽，候鸟小姐没有了泛舟的心思，只闷闷不乐地抱着膝盖坐在旅馆旁边。

天色渐渐暗下来，蒙蒙细雨飘落，路然依旧没回她只言片语。

候鸟小姐难过得哽咽起来，眼泪落下的瞬间却听到"咔嚓"一声，她错愕抬头，就看见一叶小舟缓缓飘来。

江南烟雨飘，轻舟梦里摇，像被泼墨勾勒出来的少年举着单反，冲她微微笑着。

心湖忽然就像小舟底下的那片水域，一圈圈的涟漪轻轻漾了开来。

"你哭的样子很诗意。"小舟靠岸，少年走了过来，把单反的照片调了出来给她看，他用的形容词让她不敢恭维，不过候鸟小姐还是接过了单反。

照片上的女生朦朦胧胧，好看得不像自己。

他见她似乎不排斥拍照，于是又提议："我是摄影专业的学生，想再多拍几张，能不能请你继续哭？"

候鸟小姐呆呆地点头，对方立刻就笑得更开心了，"我就拍一套，所以你哭个把小时就行了！"

"……"候鸟小姐眼角抽了抽，她现在一点儿想哭的感觉都没有了，只觉得这个男生提出的建议十分匪夷所思，"我还是艺术生呢！要不你哭个把小时让我画一幅

来自蜗牛小镇的女孩儿

画？"

闻言，少年认真地思考了下："可是我哭不出来，要不你打我？你一边打我一边哭，估计勉强能撑个把小时。"

候鸟小姐一时没忍住，"扑哧"一声笑了出来，她就随口说说，但少年认真的样子真的是……很好笑。

突然快门声再次响起，少年举着单反镜头对准候鸟小姐，他微笑着说："没想到你笑起来的样子也挺好看。"

候鸟小姐微微红了脸，内心的阴霾不知不觉间通通消散了。

归　去

少年名叫风井，相处起来给人一种轻松舒服的感觉，候鸟小姐把路然的事向他倾诉了一番，风井就说："既然有人在等你，那你就早点儿回去看看吧。"

候鸟小姐想了整整一夜，决定听他的，第二天就打包行李准备回去了，不过难得交了风井这个朋友，他们互相留了联系方式，还约定下次一起去西藏采风。

依依惜别后，候鸟小姐上了回程的火车。

她回到家的第一件事，就是去找路然，两人约在学校外的奶茶店，谈了许久。

路然说："如果你心里有我，就不应该在这种时候去旅行。"

候鸟小姐明白高考的重要性，所以即便心里失落，她还是答应他，留在学校支持他高考。

她和别的同学一样，过起了教室食堂宿舍三点一线的生活，但因为没有考试任务，她总喜欢在大家奋笔疾书时在草稿纸上涂鸦，或者在大家匆忙地赶着打饭时留在宿舍发呆。

于是渐渐的，有同学看候鸟小姐不顺眼了，凭什么他们为高考累死累活的，她却闲得过分，所以他们集体向老师反映，有个别人融不进学习氛围里，影响到了其他人学习。

其中所指的个别人，毫无疑问是候鸟小姐。

老师语重心长地教育了她一番，候鸟小姐觉得委屈，可她跟路然说起这件事时，他只说了一句："那你像他们一样做题做练习不就好了！"

候鸟小姐难过得想哭，她请假在宿舍给风井打电话，少年温和的声音让她平静不少，他安抚了她好久，最终似是而非地下了个结论："或许等上了大学就好了吧？"

候鸟小姐冷透的心又燃起了星星火苗，对啊，路然是大家公认的天才，高考压力大是肯定的，说不定上了大学，他就会改变态度呢？

抱着这么点儿希望，她又有了动力，每天早上给路然准备好早餐，中午又给他去打饭，遇上模拟考还会主动到

成长是奋勇拼搏的荣耀

图书馆给他占位，陪他一起复习。

就这么到了六月，高考轰轰烈烈地从许多人的青春中碾过，暑假来临了，然而候鸟小姐预想中的改变却迟迟没来。

出　走

路然不喜欢逛街，大多数时候都待在家里，他们偶尔约出来见面，也是在某个咖啡厅奶茶店消磨整个下午，彼此相对无言。

他不懂她的几米、凡高，她不懂他的质量守恒，候鸟小姐说想趁着暑假去旅行，看看外面的世界，路然就给她泼了一盆冷水。

"什么说走就走的旅行，都是你们小女生的情绪，一场旅行得浪费多少时间和金钱，途中还不知道会不会遇到骗子之类的，乖乖待在家不好吗？"

候鸟小姐不知道该说什么，便没再提过旅行的事，她像被做成标本的蝴蝶，失去了活力。

在电视和电脑的陪伴下，候鸟小姐终于把暑假浪费完了，大学开学后，她变得忙碌起来。

候鸟小姐忙学习忙社团，由于她和路然不在同一个学校，放假还要乘两个小时的车奔赴他身边，只不过两人依旧是约在学校外的咖啡厅，默默喝着咖啡。

更多时候只有她一个人是静默的，因为路然就像一个发光体，光是坐在那里，无数女生就会靠过来套近乎，路然虽然冷淡，但还是会回应一两句，于是一场约会反倒变得有点儿像路然的见面会。

候鸟小姐不开心了，缠着路然要一个约定，他无奈地答应等黄金周到来，就陪她去鼓浪屿玩。

候鸟小姐为此高兴了整整半个学期，但随着十月逼近，路然又一次让她失望了。

他要忙一篇论文，假期得去市中心的图书馆搜集资料，没空去鼓浪屿，并且他还问候鸟小姐，要不要和他一起去图书馆？

候鸟小姐的回答是立刻上网订了一张去鼓浪屿的机票，她在起飞前分别给风井和路然发了短信，简简单单的一句"我去鼓浪屿了"，结果两人都没回复她。

候鸟小姐关了手机，像虾米一样窝在座位上，小声抽泣。

很小的时候，候鸟小姐生过一场大病，从此身体弱不禁风，在外面晒久一点儿都会发烧，于是爸妈为了保护她，出门时就总会反锁大门，把她关在家。

那时候她隔着一道防盗网看别的小朋友快乐地玩游戏，心里满满都是羡慕。

于是她常常幻想，某天会有王子骑着白马从阳台走进来，然后带自己游遍祖国大好河山。

当然这个梦不可能实现，所以她现在恨不得每个假期都去旅行，好弥补童年被关在家的创伤和遗憾。

可惜路然不赞同她到处去旅行的举动，他把她变成了风筝，牢牢握住了线，这次一时冲动，独自去鼓浪屿，不知路然又会怎样的生气。

不过候鸟小姐想，人的一生大概总有些坚持是得不到别人的理解和支持的，毕竟如果所有执着都能得到他人温柔的目光，世上又怎还会有那么多孤独的诗人在流浪。

陪　伴

假期的鼓浪屿人山人海，候鸟小姐远远地看过去，海岸线被密密麻麻的小黑点填满，无她的立锥之地。

既然看不到海，那她就看天吧。

发呆间，手机响了，候鸟小姐接起来，听见风井问："你现在在海边吗？"

她愣愣地应了声"嗯"，对方又问了一下她来鼓浪屿后的近况，候鸟小姐乖乖回答了，一聊就是半个小时。

在她准备挂电话时，有人从背后捂住了她的眼睛，候鸟小姐刚想尖叫，就听到风井熟悉的声音响起："猜猜我是谁！"

风井千里迢迢赶来，让候鸟小姐感动得一塌糊涂，她坚决要请他吃饭，风井拗不过，只好舍命陪君子，和她在小酒馆里一醉方休。

女生酒量浅，候鸟小姐很快醉了，她靠在风井的肩膀上，默默流泪，"路然为什么就不会像你一样，过来陪我呢？"

风井没说话，由得她哭累了，沉沉睡去。

一夜过去，他姿势都没怎么变，候鸟小姐醒来时，风井的胳膊酥麻得抬不起来了。

她哭笑不得地带他去盲人按摩小店，两人在店里被盲人师傅按脚按到惨叫连连，师傅还不客气地奚落："现在的年轻人啊，身体太差了。"

就在候鸟小姐疼得飙泪时，路然竟打来了电话。

"你什么时候回来？"

期待的心又坠回冰窖，候鸟小姐失落地回答："快了。"

然后电话就挂断了，她转过头对风井说："我得回去了。"

当天晚上他就为她买好了机票，送她离开时，还温柔地拥抱了她一下。

候鸟小姐飞回自己的城市，没有通知路然就跑到了他们学校，结果在校门口就看见他牵着一个女生走出来，很是亲昵的样子。

路然显然措手不及，他想过来拉候鸟小姐的手，却被她躲开了。

来自蜗牛小镇的女孩儿

"如果你以后还是不能陪我去旅行，那现在就不要挽留。"她红着眼说完这句话，就看到路然后退了一步。

她忽然就清醒了，真正把你视若珍宝的人，从来不会以爱之名绑架你的自由。

而所谓重要的人，是哪怕不能陪你闯荡四方，也会把心悄悄放进你的行囊。

很显然，不把对方放心上的，其实是路然。

旅　行

候鸟小姐拉黑了路然，开始筹备下一次旅行。

她打电话问风井，要不要一起去西藏？

风井向来是个说走就走的人，他欣然答应，并与她约定各自启程，到了西藏再会合。

三天三夜的车程，候鸟小姐到达西藏时，脑袋都是昏沉的，刚一下车，风井就迎了过来，他提早到了，并且趁着等待的空隙，体贴地订好了旅馆。

候鸟小姐心下一动，忍不住扑进了他怀里。

人生的旅行如此漫长，她辗转几站，其实只求一个温暖的陪伴，途中也遇到过错的人，悲伤到断肠，但成长，或许就是这样。

醉饮桂花酒，把臂少年游

醉饮桂花酒，把臂少年游

玻璃沐沐

人生真是寂寞如雪啊

葛嘉鱼是在中午时分，学校东门热火朝天的红辣椒川菜馆门口偶遇许柏舟的，他们互相望了对方一眼，眼神迅速闪过仅剩的一张桌子。葛嘉鱼正决定要不要冲过去独霸那张桌子，就看见许柏舟被胖胖的老板娘推着领先一步安然坐下。

葛嘉鱼十分不悦，大咧咧在对面坐下，黑着脸报菜名："水煮肉片，干锅花菜，我饿了，快点儿上。"

许柏舟很淡定，并没有受到惊吓，"毛血旺，钵钵鸡，也请快一点儿，谢谢。"

到底是许柏舟点的菜先上来，葛嘉鱼更加郁闷，怒吼着拍桌子催菜，被无视，虽然饥肠辘辘，也只能用饿狼眼神紧盯着对面的人。

"纸巾，谢谢。"对面的许柏舟对这种眼神不以为意，反而伸过手来矜持地让葛嘉鱼递纸巾，葛嘉鱼一时间怔住了，默默地给他递过去后反应过来，到底还有没有天理？

"喂，你为什么一个人来吃饭这么可怜？"葛嘉鱼忘了自己也是一个人。

许柏舟终于舍得抬眼，清清淡淡地看着她，"一个人吃饭有什么不对，如果非要一个理由的话，那大概是，每逢佳节倍思亲吧。"

葛嘉鱼彻底蒙了。

这么说来，今天也勉强算得上是个佳节，可是谁能告诉我七夕到底思的是哪门子亲？

"那你呢？"许柏舟大概是觉得毕竟有同桌就餐之情谊，有必要适当友好交流下。

"哇咔咔，我被杨康放鸽子了。"

"哦？杨康啊？"

"哎哟喂，你连杨康都不知道啊，《射雕英雄传》里大名鼎鼎的男二号，就认贼作父那个，最后死得可惨呢。"

许柏舟以一连串的呵呵结束了这场失败的对话，虽然他们说的都是母语，发音清楚用词准确还均有出处，但他们完全听不懂对方在说什么。仅仅一顿饭的时间他们都在彼此心中留下了不可磨灭的印象，与神经病果然没法沟通啊！

"老板娘，结账，抹个零吧。"葛嘉鱼说。老板娘看她一眼，装没听见。

"老板娘，抹个零吧。我不要发票。"许柏舟说。老板娘看他一眼，露出呵护祖国花花草草一样的微笑，"行咧。"

"我的天呀，这也可以。"葛嘉鱼一边翻白眼一边暗暗记恨在心。

有人说一个人独自吃火锅最寂寞，但独自来吃川菜也好不到哪里去，茫茫人海中，没有早一秒也没有晚一秒，两个一样境遇的人，可不正该有生之年狭路相逢吗？

美色从来不是战无不胜的

桂花镇是四川西南一个民风淳朴又彪悍的小镇，里面盛产两样东西，一是好喝又不醉人的桂花酒，二是或者婉约或者彪悍的美人。

谁说美人不能彪悍，葛嘉鱼从小就是个婉约的美人，可她越长大越不美，越长大越彪悍，天天走在桂花镇上简直格格不入，于是一横心考到了外省的大学，这样就再也没人知道她长残了这个无情的事实。

小时候越是万千宠爱，长大后越是备感凄凉。伤心归伤心，早上爬起来一看都快迟到了，马克思主义老人家可是很凶的，他的课可不是随随便便就能逃掉，脸胡乱洗洗，蹬上自行车风风火火又是一条好汉。

　　转弯时把两个轮子的自行车当成四个轮子的赛车一样玩漂移的葛嘉鱼显然有点儿凌乱，那个拐角尽头刚好是男生宿舍楼大门，葛嘉鱼的思维连同动作一起停滞了短短五秒，她看见了距离她不过五米远的杨康也正拿着本书朝外狂奔。

　　自行车顿时像听到口令一样立正站好，然后向一边倾斜，葛嘉鱼本来有能力及时跳下来的，可电光石火间，她做了一个决定。她硬生生刹住往外蹦的身体，转而娇弱地"哎哟"一声倒在地上，由于演技不到家的关系，看上去要多假有多假。

　　正前方的杨康都惊呆了，他默默地思考着，这……难道就是传说中的"碰瓷"吗？

　　惊吓之余的杨康还是很绅士地把葛嘉鱼扶起来，打定主意对方要是开口讹人，他就撒开腿继续狂奔，还真不信小姑娘能跑得过他。

　　谁知对方竟然认得他，"杨康，七夕那天你为什么不出现？"

　　杨康的脑筋转得飞快，作为一个帅哥，他对抵挡突如其来的桃花有着极其丰富的实战经验，"七夕那天我有约啊，有很重要的事要和兄弟商量。哦，就是和他啦。"

葛嘉鱼扫了一眼被杨康拉来当挡箭牌的男生，忍不住原形毕露，一声怒吼："你骗人！"

当然是骗人，因为那个一脸无辜的男生，就是七夕当天和葛嘉鱼一桌吃饭的许柏舟啊。

葛嘉鱼灰心地走远了。在马克思主义大课上，后排的杨康再找葛嘉鱼借上周的笔记抄抄，葛嘉鱼拒绝了。光上个月，他已经找她借过三次笔记了，他们互换了手机号，他还说周日要请她吃川菜，周日刚好是七夕，她给他主动发了短信，满心欢喜地等待，可他没有出现。他真的只是随口说说。

至于杨康为什么偏偏找葛嘉鱼借笔记，葛嘉鱼模模糊糊地意识到，也许她是典型的背影杀手，从后面看美丽动人，从正面看就是路人。

所以，认清了惨淡现实的葛嘉鱼决定暂时不再搭理杨康，长得漂亮了不起啊，女生看人并不是完全看脸，也要看人品道德的好吗？

总喜欢男二是一件多么伤心的事

许柏舟和杨康同宿舍，七夕当天杨康忙着打游戏，一上午手机响个不停，有不少女生的邀约，可偏偏这个校草的人生信条是百花丛中过，片叶不沾身，电话不接，短信不回。

但当他看到有葛嘉鱼名字的短信在闪烁时，愣了整整一分钟。杨康见他走神，把短信给他看，谁知他竟然关了电脑起身离开宿舍。

杨康苦笑，难道说这个叫葛嘉鱼的人发的短信特别神奇？这块木头，难道说开窍了？

许柏舟承认自己也许是出于好奇，也许是太过无聊，就过来看看而已，没什么大不了，何况，走到川菜馆还有另一个理由，就是真馋了，想吃家乡菜，每逢佳节倍思亲嘛。

杨康后来专门找葛嘉鱼赔罪，给她买了一个月的水果零食作为补偿，殷勤的样子惹得女生楼各个宿舍里的眼光刷刷的像小刀子一样飞向葛嘉鱼。最后实在扛不住压力，葛嘉鱼严厉地对杨康进行了一阵子思想道德教育，警告他从此以后对待女生要严肃，不能嬉皮笑脸，不能瞎许诺，不能明知道自己招蜂引蝶而不加收敛引人误会。

听得杨康虚心受教，点头称是。末了葛嘉鱼想总结一下，又担心不够具体生动，只好以活生生的例子对杨康加以鞭策，"像许柏舟这样就挺好，嗯，虽然也帅，虽然有点儿怪，但怎么说呢，正直诚恳，不近女色。就像……就像郭靖一样。"

这算是夸奖吗？许柏舟好长时间总是忍不住有点儿得意，可这点儿得意在他看见葛嘉鱼换了QQ签名后，就灰

成长是奋勇拼搏的荣耀

飞烟灭了。

或许是在哪个无眠的深夜吧，葛嘉鱼写，我喜欢《宫》里面的律王子，喜欢《继承者们》里的崔英道，还有《真爱如血》的Eric。总是要去喜欢男二号，真是件值得伤心的事。

所以，他是杨康，我是郭靖吗？许柏舟想，有那么一丁点儿不易觉察的难过，像被蝴蝶翅膀扫过。

长这么大，许柏舟从来不知道怎么和女生打交道，所以总是冷冰冰的，但遇见葛嘉鱼后，他忽然无师自通。

他说："嘉鱼，我们去吃烤鱼吧？""我最讨厌吃鱼。""那就吃螃蟹。"

他说："嘉鱼，圣诞节我带你去滑雪吧？""我拍摔。""那就去拍美美的雪景吧。"

他说："嘉鱼，我们去农家乐吧？""太远。""我骑车带你啊，你这么苗条，肯定没有一百斤吧。""我一百二。""哦，那还是改坐公交车吧，一样很快的。"

他说："嘉鱼，年后我捎点儿家乡特产，给你个惊喜。""不稀罕。""你肯定喜欢。"

他在玩真心话大冒险时候被问到喜欢哪种类型的女生时候说："我喜欢的女生，必须要又聪明又大气，又骄傲又迟钝，还要喜欢听冷笑话。比如这个，从前有个我喜欢的女孩儿，她不喜欢我，后来她挂掉了。"

众人呵呵，葛嘉鱼白眼翻得快要背过气去。

时间是把手术刀

不知从什么时候起，葛嘉鱼觉得许柏舟变得黏黏糊糊的，莫非他是看上了本姑娘所剩无几的美貌？葛嘉鱼梳头时看了一眼镜子，否定了这个想法。无事献殷勤，非奸即盗，他如此蓄意接近，一定有阴谋。

杨康和许柏舟想趁着大三结束前变卖一点儿家产，每天晚上在校东门摆了个摊，卖的东西五花八门什么都有，专业书，《国家地理》杂志，手工艺品，电子产品，动漫周边，旅游纪念品等等。

两个男生竖了块牌子，放个台灯，本想拿个喇叭，喊上两句，全场两元，卖啥啥便宜，买啥啥值。想想觉得太丢人，大眼瞪小眼了三天，颇感无聊，生意也不好，有女生还认出了自己送出去的礼物被男神打包大处理，更是组团过来参观二人顺便留下愤恨幽怨的目光。

于是二人为免尴尬，又支起了个围棋摊子，忙着对阵，这个挡箭牌谁来做比较合适呢，想来想去，招呼生意的重任就落到了葛嘉鱼的身上。

葛嘉鱼不乐意，"喊我干吗，我还要去上晚自习。"

杨康慢悠悠地出卖着兄弟，"我是无所谓，但许柏舟大概全校只和你这么一个女生熟，你们又是老同学，所以你当仁不让吧。"

许柏舟露出向日葵一样的笑脸，大晚上无耻卖萌，"是啊是啊，之前我从家乡带桂花酒给你，你是喝了还是倒了，就没有一丁点儿似是故人来的感觉吗？真是没默契。"

"呃，你？老同学啊，桂花镇高中的吗？你会记得你全部高中同学的名字吗？何况是每年都打乱重新分班的？"葛嘉鱼觉得自己也没错，无须愧疚。

"智商高的人从来没有这方面的困扰。你看，我就记得你。我还有照片为证。"

原来许柏舟把老照片扫描了下来，存到手机里。杨康和葛嘉鱼抢着要看，看完之后哈哈大笑，一起表示被许柏舟稚嫩的样子给雷到了。

"哼，那也就做过一年的同学，后来你就流落到别的班了。"

"也是，都六年了，贵人多忘事嘛。理解。"

"许柏舟，你一定是整过容来着。"葛嘉鱼见不得气氛有点儿伤感，毕竟是自己把人家给忘得一干二净，怪不得他天天小蜜蜂围着花骨朵一样围在自己跟前。

"别急着否认，你看看咱们的班级合照上，这土到不能忍的发型，这挤在一起的五官，你哪有半点儿未来男神的样子。说，你究竟什么时候去的韩国？"

许柏舟竟然鼓起圆溜溜的眼睛瞪着葛嘉鱼，她立马由气势汹汹变得可怜巴巴，低头画圈圈暗暗诅咒他，想了想，又加了一句："为什么不带我一起去？"

无情的时间啊，你可以把美人变平庸，也可以把路人甲变男神。

因为爱情贼心不死

转眼大四，担心毕业就失业的人抓紧时间找工作机会，担心毕业就失恋的人争分夺秒黏在一起。也许平凡女生葛嘉鱼竟然能嘻嘻哈哈和帅哥二人组混在一起两年，间接增加了曝光率，渐次演变成不大不小的传奇，竟然有大一的学弟无知者无畏地凑上来，企图攻下葛嘉鱼这个看起来虚有其表的碉堡。

杨康打趣葛嘉鱼，"行啊，不仅黄昏恋，还是姐弟恋，潮人啊。"

大一学弟的追求方式并不新鲜，但送花、送礼物、抱着吉他唱情歌不能不说是最俗、最有效的讨女生欢心的招数，即使当事人起初并不感冒，在死缠烂打下也难免会生出些公主般备受娇宠的愉悦，和舆论渲染下被羡慕被瞩目的甜蜜负担。

杨康见势不妙，毅然出面打算打发了这个不知道哪冒出来的第三者，正义感爆棚的他在傍晚的球场上巧遇小学弟，上去跟对方单挑了一场，丝毫不觉得以大欺小有什么不对，PK的结果是小学弟大比分落败，坐在地上喘不上来

醉饮桂花酒，把臂少年游

气。

"喂，"杨康俯视着地上的人，"最好离葛嘉鱼远一点儿。人家名花有主，你何必凑热闹。"

"据我所知没有啊，再说了，你都老了还光棍一条，金玉其外败絮其中，说不定有毛病，你管得着我吗？"

杨康听罢，受内伤不轻，差点儿吐出一口老血，愤然离去。

杨康找许柏舟索要精神损失费，许柏舟说要考虑一下，第二天一大早顶着俩黑眼圈趴在电脑跟前搞文学创作。

葛嘉鱼，你好：

昨天没睡好，半夜爬起来看《康熙来了》，是采访刚出名的谢依霖那集，她说了一句让我念念不忘的话：因为我脱离了张牙舞爪的保护色，其实就是一个很没用的人啊。

其实我也是。你说我是郭靖，我偏不，我要演谐星，想逗你开心，不知怎的，却始终隔着一层迷雾，走不进你的心里。我是不是很没用啊。

你记不记得在桂花镇上学的时候，高一一整年，有人每周偷偷往你课桌里放串冰糖葫芦，有人每次体育课前都发给你一瓶冰镇的橘子汽水说是女生福利，有人把你最爱的漫画书通过别人辗转借给你看，有人踢足球因为注意到你在看台光顾耍帅把球射进自家球门，还有人终于鼓起勇气约你在小操场见面最终却没有出现。

葛嘉鱼，六年了吧，你真的没有在哪一个瞬间忽然醒悟，那个人，是我啊。

当然，跟大一学弟比，我一定是老了。从开始到现在，缺的从来都是那份勇气。但小学弟不怕失去，是因为他本来就不认识你，我进退维谷，是害怕彻底失去，哪怕是一个守护在身边的老朋友的身份。

我真的是老了，但是老来多健忘，唯不忘相思。

葛嘉鱼，你知道吗？我珍之重之又慎之，还是不能当面说出口，我喜欢你。你呢？有没有一丁点儿喜欢我呢？

许柏舟　静候

后来没有等到回应，葛嘉鱼就消失了，许柏舟很失落，杨康很幸灾乐祸。

"你看，吓着人家了不是，早叫你行动，你磨磨蹭蹭，现在突然变得热情似火，整个一团乱麻，换谁谁也受不了啊。要我我也跑了。"

许柏舟又变成寡淡的样子，"是这样吗？"杨康推他

醉饮桂花酒，把臂少年游

一把，"你到底怎么想的？"然后吓了一跳，因为他看见自己最好的兄弟，竟然很没用地红了眼眶。

酒醉请来花下眠

在各种复杂难解的情况面前，葛嘉鱼一律选择做鸵鸟。为什么不呢？逃开难道不是最直接有效的办法吗？虽然直面看起来更具有勇气，但并不是所有人都向往做勇者。

她躲在桂花镇终日无所事事，开始认真地品尝起桂花酒来，不由得想起之前许柏舟带给她的酒，估计是被黑心商贩掺了不少水，傻子许柏舟也不会分辨，所以竟然一点儿也不纯正，害她没尝出来。

冰糖葫芦，橘子汽水，那套叫《一吻定情》的漫画书，操场边的邀约，好像是有，好像又记不真切，她简直不敢相信，自己十五岁被人喜欢其实并不奇怪，妙龄少女总是美的，但六年后，这种喜欢难道不会随着时间慢慢消退吗？

要是早一点儿认出许柏舟来，她会多那么一丁点儿的心动吗？往事是无解的难题，她不愿深想。

爱情啊，工作啊，这些恼人的东西通通都见鬼去吧。葛嘉鱼万万没想到一心想逃离桂花镇的自己竟然又逃回了这里。这里就像世外桃源一样，隔绝开纷乱的尘世，而且重要的是，这里的人都忘了她以前玉雪可爱的模样，所以也没什么落差，长残了的阴影像个笑话一样被人遗忘了。就这样吧，开个小店，再养条狗，不也有一番现世安好的滋味。

日子一天天在白日做梦的葛嘉鱼面前悄然流逝，妈妈问她有男朋友了没有，她回答说："没有没有。"问她什么时候回学校做毕业设计，她回答说："还早还早。"

最最亲爱的妈妈竟然开始嫌弃起她来，开始批评她又懒又馋还很胖，葛嘉鱼委屈地想是谁以前成天说想我来着。

难道桂花镇也待不下去了？神啊，救救我吧。

神没有听到她的呼唤，有人听见了。

正是绿意盎然的春天，葛嘉鱼坐在自家院子里晒太阳，眼皮打架差点儿睡过去。一抬眼看到一个翩翩少年逆光站在阴影里，矮墙上的花枝遮住半边脸，他笑得腼腆又羞涩。葛嘉鱼看见他，脸唰一下红了，茫茫然站起来，脚像生了根一样，动弹不得。他走到她面前，低头温柔凝视，两人竟都不知该说些什么好。"好久不见"或者"终于找到你"在此情此景下似乎都有点儿不合时宜。连风都是轻轻柔柔的，空气里飘荡着醉人的甜香。

少年背后，竟然还有一个修长身影，霍拉一下跳出来，咋咋呼呼地说："快点儿表白啦。"

杨康早已等得不耐烦，天都要黑了，都闻到桂花酒的香味了，这个小镇子还不错，值得到处游荡下，真是个美好的春天。转头再瞅雕像一样的二人，无奈叹气，再不速战速决，错过饭点儿可怎么办？

许柏舟还是默默的，葛嘉鱼再也受不了，转身想跑，被许柏舟一把抱住，牢牢抱在温暖的怀里，他低下头，轻轻地在葛嘉鱼耳边说了句话："还想逃，下辈子吧。"

竹马翩翩来

鹿爱人

这个世界很单纯的

秋高气爽的清晨，本该是握着书卷朗读诗词的大好时光，我却抱着扫帚悲催地扫着卫生区的落叶。

说起来这本来应该是两个人的工作，偏偏我同桌是个不迟到会死星人，眼看着教导主任把挂在胸前的哨子一吹关上了学校的大门，那货还是没来。

正当我考虑着该如何狠狠地宰他一顿，以慰劳我饱经摧残的身心的时候，围墙那边响起一声响亮的口哨声，然后探出了一个脑袋。

我回头一看，果然是许海洋。他目光灼灼地看着我，眨了眨他那一双桃花眼。

根据多年的默契，我很快明白了他那眼神中所包含的深意，我环顾四周，看见躲在墙角极力隐藏自己的教导主任以及他的两个小跟班，我不禁感慨，他们为了逮许海洋这种使用非法手段进入学校的老油条也是蛮拼的。

但我与许海洋之间是有着深厚且不可动摇的革命友谊的，于是我回过头郑重地向许海洋比了一个三的手势。

谁知那二货给了我一个了然的眼神之后，又傻呵呵地冲我一笑，先是把书包扔了进来，成功地吸引了教导主任的视线，然后干净利落的翻墙进来，被教导主任抓了个正着。

在教导主任一副"人赃俱获，你还有什么好说"的表情里，许海洋耷拉着脑袋被拎到办公室里罚了半天站，外加罚抄二十遍校训，抄不完不许回家。

从办公室出来，许海洋一脸哀怨地看着我，那眼神似乎在说："鹿萌萌，我真的不敢相信你竟然会害我！"

我简直比窦娥还冤枉啊！

于是我迫不及待的辩解道："我明明给你比了三的手势，是你自己非要往里跳的。"

许海洋一脸惊讶，"你比的难道不是OK吗？"

"……"

我简直忍不住怀疑站在我面前的这货，真的是和我从穿开裆裤时就一起混江湖的吗？说好的默契呢！

一整个下午许海洋都在奋斗他被罚抄的二十遍校训，

为了不让他拖慢组织的进度，我只好默默地替他分担了一大部分。

放学后许海洋拍着我的肩膀，豪气冲天地说："走，哥请你吃臭豆腐去！"

我顿时泪流满面。

姐这么辛辛苦苦地为你当牛做马，到头来竟只换来一份臭豆腐？

接收到我怨毒的眼神后许海洋收起堪比向日葵的笑容，皱着眉头斟酌了许久才小心翼翼地说道："要不然请你吃两份儿？"

我扑哧一下笑出了声，然后狠狠地踢了许海洋一脚。拜托，生气的时候被逗笑是一件很没有面子的事情好吗！

张记臭豆腐，百年老字号，做法传统，味道正宗。老远就看见铺子门口围着一圈人。看着那火爆的场景我有些打退堂鼓了。

许海洋丢给我一个"看我的"的眼神，走过去和排在前面的几个小妹妹一番交涉，过了一会儿就拿着两份儿臭豆腐回来了。

目睹了整个过程的我感觉老脸一红，都替许海洋害臊。这货真是太不要脸了，连小学生的队都插，简直是丧尽天良，令人发指！

接收到我鄙视的眼神，许海洋一边把臭豆腐塞进我手里一边说："想什么呢你，那几个小妹妹可是自愿让我先买的。"

"一定是你恐吓她们！"

"拜托你的思想不要那么阴暗好吗？这个世界可是很单纯的，很单纯的看脸。"

看着许海洋臭屁的脸，我顿时感受到来自世界的森森恶意。

长得帅了不起吗！我在心里愤愤地想。

许海洋像是看穿了我的想法，眯着他那一双桃花眼说："抱歉，就是这么了不起！"

长得帅真是一种困扰

一大早就是老巫婆的语文双排课，我一边极力地装作认真听讲一边小心翼翼地打瞌睡，好不容易熬到了下课。

去厕所的时候，有一个外班的女生拉住我，塞给我一盒巧克力，然后半天扭扭捏捏的说不出话。

时间一分一秒地过去，眼看着就快上课了，她依旧是紧抓着我的袖子，两眼瞅着地面迟迟不开口，我忍不住开口："是要让我帮你转交给许海洋吗？"

她一愣，抬头用一副你怎么知道的表情看着我，我回给她一个放心吧我都懂得眼神，把巧克力揣进怀里匆匆往教室跑去。

关于我是如何知道那妹子是要让我把巧克力转交给许

海洋的，我想这件事我是非常有发言权的。

从小许海洋就凭借他那张乍一看是个男神的脸俘获了不少少女的芳心，虽然我深知这货金玉其外，败絮其中，但作为和他共同混江湖的搭档，我不仅善良地没有揭穿他，并且还任劳任怨地用我这双手替他收礼物收情书收到手软。

虽然到最后那些礼物和吃的多半进了我的口袋里。

回到教室上课铃声刚好打响，在高高堆起的课本掩护下，一盒巧克力很快就被我和许海洋消灭干净了，盒子的最底下放着一张被叠成心形的粉色信纸。

我用胳膊捅了捅许海洋，压低声音说："是情书耶！你不打开看看。"

许海洋有些无奈地看着我，叹了一口气说："你不会懂我的感受的，长得帅真是一种困扰。"

"……"沉默总是来得这么突然。

虽然家里明确地勒令我大学之前不准谈恋爱，但作为从小和许海洋一起混江湖的搭档，看着他如此炙手可热，我却依旧无人问津，还是有些淡淡的忧伤。

世界上最悲伤的事情不是我站你面前，你却不知道我爱你，也不是在清晨的大雾中，我牵着你的手却看不清你的脸，而是曾经的男神已经进化成了炙手可热的男神，我却从一个无人问津的妹子变成了一个依旧无人问津的糙妹子。

好在糙妹子也是有真爱的，风和日丽的一天，我收到了我人生中的第一封情书。

给我递情书的是我们班的体育委员，长的是粗犷了点儿，但胜在为人老实憨厚，看着倍儿有安全感。

许海洋知道这个消息的第一时刻，就毫不留情地说道："鹿萌萌，你不会真的打算跟一只棕熊谈恋爱吧？"

刚喝进嘴里的可乐，被我一口喷了出来，我冲他咆哮："你这是人身攻击！"

许海洋一脸无辜，"我只是看在咱们这么多年交情的份上客观的帮你分析一下，不过我真心觉得咱们体育委员挺重口味儿的！"他说完，就赶在我发怒之前迅速从我的面前消失了。

拒绝人我比你在行

那封情书末尾写着，下午放学操场不见不散。放学后我让许海洋先走，故意在教室里磨蹭了很久，等人都走得差不多了才匆匆忙忙地跑向操场。

刚出了教学楼门，就看见许海洋衣冠楚楚地站在一棵歪脖子树下，双手插着裤袋一副看似很潇洒的样子。

"我不是让你先走了吗？"我疑惑地问。

他缓缓走到我的面前，脸上一副悲怆的表情，"自打小时候起，你我便是生死之交，还记得当年我爬树掏鸟窝被父亲发现后毒打，多亏你及时出现拯救我于水火之中，而今日你有难，我又怎能坐视不理？"

"……说人话！"

"拒绝人我比你在行。"

我发现我竟无言以对。

于是我和许海洋浩浩荡荡地向操场进发。

体育委员似乎已经等了好久了，这几天昼夜温差特别大，他穿着一件单外套在寒风中瑟瑟发抖，脸上都被冻得出现了高原红，显得异常狰狞。

看见我们过来，他搓着手问我考虑得怎么样了。我不禁害怕我要是直接的拒绝他，他会不会揍我一顿。

思索间，一旁的许海洋已经抢先一步替我回答了他："鹿萌萌是不会接受你的告白的。"

"为什么？"

许海洋一手插着裤袋，一手指向前方，唇角上还挂着淡淡的笑意，名侦探柯南附体了一般地说道："真相只有一个。"

我正好奇他拒绝人的方式有多高明，只听他幽幽地说道："她已经有男朋友了，她的男朋友就是我！"

我极力忍住笑场的冲动，对着向我投来探索目光的体育委员郑重地点了点头。

回家的路上许海洋还一个劲儿埋怨我："一看你就注定不是个靠脸吃饭的人，演技也忒差了点儿。"

我中午吃了大葱

圣诞节班里搞了个聚会，一阵群魔乱舞之后，有人提议玩真心话大冒险并且得到了一致的赞成票。

只是我的运气真心不怎么好，连续输了几把都选了真心话，眼看着我在同学面前几乎没有隐私可言了，只好选了大冒险。

赢的人是我们班长，她暧昧地看着我笑了一下说："你和许海洋青梅竹马这么多年，现在终于修成正果，快来个法式热吻让我们这些单身狗见证一下爱情。"

班长的提议马上得到了大家的认可，一群人顿时沸腾起来，纷纷大声起哄："亲一个，亲一个。"

我马上被大家推搡着到了许海洋跟前，而他依旧一脸的风轻云淡，我心想他不会真想跟我来个法式长吻吧，他一定是想趁机占我的便宜！

我瞬间在心里把许海洋全家问候了一遍。

眼看着周围的呼声越来越高，而许海洋迟迟没有表态，我突然灵机一动说："我中午吃了大葱，得先回家漱漱口。"

说完我以光速抓起书包冲出了教室。

只是我的光速和许海洋比起来就成了龟速，他迈着大长腿没几步就追上了我，把我拽到了墙角。

我看着他气就不打一处来，恶狠狠地说："你有毛病啊，刚刚不替我说话也就算了，现在又是想闹哪样？"

　　他没有回答我，而是居高临下地看了我半晌，直到看的我心里一阵发毛，他才开口："鹿萌萌你是不是讨厌我？"

　　我一边揉着被他拽红了的手腕，一边回答道："是啊，我讨厌你，我讨厌死你了。"

　　我话音还没落下，许海洋的拳头就打在了我身后的墙上，在墙上留下了星星点点的血迹，他看了我一眼头也不回地走了。

　　许海洋走得很是潇洒，我像傻子一样站在原地供路过的行人观赏了一番，最后很是没出息地哭了。

　　我一把鼻涕一把泪的迎风回到了家，本以为会得到我妈善解人意的安慰，结果她看到我第一句话是："怎么哭得这么难看，月考成绩出来了？你不会考了倒数第一吧！"

　　苍天呀，大地啊，这是亲妈吗！我一定是买葱赠的吧！

　　在精神与内心的双重打击下，夜里我光荣地发起了烧。直到第二天体温也不见下降的趋势，我妈只好给我请了病假。

　　病来如山倒，我抬头四十五度忧伤地凝望着天花板，心里却在想着许海洋这个杀千刀，先是莫名其妙地冲我发火，然后又害我大病一场，这口恶气我一定不会这么轻易地咽下去。

你伺候过慈禧太后？

回到学校已经是一个星期以后了，我迫不及待地想跟许海洋谈谈。

可惜许海洋并没有给我这个机会。

一整节课许海洋都在补觉，下课铃声打响他终于睁开了惺忪的睡眼，伸了个大大的懒腰。

我刚想开口，门外已经先有人叫了他的名字，我顺着声音看去，是那天拜托我送巧克力给许海洋的那个女孩子。

我看着许海洋一步一步向她走去，只觉得那画面异常刺眼，明明想好了要狠狠出一口恶气的我，此刻却像是突然被人点住了穴道。

从小到大，我和许海洋吵过很多次架，但没有一次像这一次让我这么清晰地感觉到我就要失去他了。

我心里一阵委屈，委屈得就连自己都觉得莫名其妙。我告诉自己，一定是因为我刚刚大病一场，所以才会这么玻璃心的。

愣神的时间里，许海洋不经意地侧过脸，我闪躲不及正好与他的目光撞到一起，那一刻我竟然隐隐地期待他能跟我点点头，哪怕就算是一个微笑也好啊，可是他目光甚至没在我身上停留马上又把头转了回去。

我鼻子一阵发酸，眼眶热乎乎的，像是马上就要有眼泪掉下来。

放学后经过臭豆腐铺子我决定化悲愤为食欲，果断地排进了长得像龙的队伍里。没有许海洋的美人计，我排了十几分钟的队才买到，我正想把钱包放回书包里的时候，只觉得眼前一道黑影掠过，手里的钱包已经不见了踪影。

我实在不敢相信，在这治安森严的二十一世纪我竟然遇见了传说中的公然抢劫！这得是多好的运气啊，买个彩票都得中五百万！

在我愣神的这段时间里，不知道从哪里冒出来的许海洋已经如一道疾风般朝着小偷跑的方向追了出去。

最后在巡逻的警察叔叔帮助下成功地制服了小偷，我赶到现场的时候，小偷已经被抓上警车了。

警察叔叔把钱包还给我，笑着说："小姑娘，这样的男朋友可要好好珍惜啊！"

"他不是我男朋友。"我急忙否认。

谁知警察叔叔一脸我都懂的表情，说道："你还不好意思承认了，他要不是你男朋友，能这么拼吗？"警察叔叔说着还示意我看向许海洋挂彩的脸。

许海洋抓了抓脑袋依旧摆着一张面瘫脸，我的眼泪却啪啦啪啦地掉个不停。

我突然觉得，最近一遇到和许海洋有关的事情，我就特别容易不淡定。

书上说，如果一个人能够左右你的情绪，那么你一定是喜欢上他了。

我有些心塞，这么多年了我都没感觉出来对他有些什么特殊的感情，合着他现在有了新欢了，我才发现我早已经对他有非分之想了。

人生还真是狗血！

那一瞬间，我几乎是不能思考的，只能机械地流着眼泪。

看见我哭，许海洋顿时慌了手脚，一边胡乱地给我擦眼泪，一边无措地说："鹿萌萌你哭什么啊，钱包已经给你追回来了，这么多人都看着呢！"

"鹿萌萌你哭得太丑了，简直跟东施有一拼！"

"到底怎么样你才能不哭了，你简直比慈禧太后还难伺候！"

"你伺候过慈禧太后？"我抹了一把眼泪惊讶地问道。

"……"

我就当做慈善事业娶了你算了

距离我和许海洋握手言和已经过去了一个多月了，时间撒欢儿地跑着，转眼就入了冬。

今年的冬天似乎来得特别早，比冬天来得更早的是晚自习加成了三节。

熬到下晚自习已经是晚上十点半，走出教室发现外面竟然飘起了雪花，满身的疲惫瞬间被喜悦代替，我兴奋地拿出手机咔嚓咔嚓拍个不停。

不一会儿手就被冻得生疼，我只好把手放在嘴边哈气取暖。

许海洋有些好笑地看着我，然后特自然地拉过我的手放在他大衣口袋里，"鹿萌萌你这么粗线条将来真的能嫁得出去吗？"不等我回答他又继续说道，"不过就算真的有那么一天的话你也不用太担心啦，那时候我就当做慈善事业娶了你算了。"

"我可打不过你的巧克力妹妹！"我甩给他一对鱼丸，把他甩在身后蹬蹬蹬地往楼上跑去。

"哎呀说了多少遍了，我们只是朋友，普通朋友！"

刚到家不久就收到了许海洋的短信，他说，网上说今晚会有流星，让我赶紧下楼。

我趴到阳台往下看，果然看见许海洋正在楼下朝我挥手。我只好重新把自己裹得像个狗熊，磨磨蹭蹭地下了楼。

我和许海洋坐在长椅上，仰着头看着黑漆漆的夜空。时间一分一秒地过去了，别说是流星，今晚的夜空就连流

醉饮桂花酒，把臂少年游

星的亲戚星星都很少。

许海洋突然侧过头问我："鹿萌萌，你为什么不谈恋爱啊？"

我忍住那句差点儿脱口而出的"因为我喜欢的人没跟我告白呗"，心想这么说显得也太不矜持了，于是拿出我爸时常挂在嘴边教导我的话，"因为家里不准我在大学之前谈恋爱啊。"

然后问他："那你呢，你为什么不谈恋爱？"明明追你的人那么多。

他移开目光，故作高冷地说："因为你家里不准你在上大学之前谈恋爱啊！"

我正想问他这算是在跟我告白吗，他突然指着天空大声喊："快看是流星，快许愿！"

我顺着他指的方向看去，只看见一闪即逝的光芒。

"你许的什么愿望？"他问我。

我假装板起面孔，"是你提醒得太晚，我根本还没来得及许愿好吗！"

"那还真的很遗憾啊。"他抿着嘴唇，语气里是满满的替我感到遗憾。

看着他的表情，我忍不住弯起了嘴角，其实真的一点儿也不遗憾，因为我最大的愿望，在前一秒钟已经实现了。

我想和你谈个恋爱

高三的日子相当黑暗，每天除了做不完的习题就是做不完的习题，可是每当我坚持不下去的时候，许海洋都会义正词严地对我说："鹿萌萌你可是祖国的花朵，祖国未来的栋梁，国家的繁荣与和平需要你，你怎么能轻言放弃呢！"

于是我便一次又一次地把头重新埋进题海里。

那段日子回忆起来虽然枯燥乏味，却是我人生中浓墨重彩的一笔，因为有许海洋的陪伴鼓励，即使难挨也过得很快乐。

高考结束，我和许海洋如愿地考上了同一所大学。

报名那天，办完入学手续，我和许海洋在新学校里闲逛，熟悉新的校园环境。路过的女生大多都会把目光停留在他的身上，偶尔他还会回敬一个微笑。颇有"当时年少春衫薄，骑马倚斜桥，满楼红袖招。"的即视感。

美好的事物总会吸引人们的眼球，这我可以理解，但是许海洋这反应是几个意思。

想到这里，我自顾自地加快脚步和许海洋拉开了一段距离。

半晌反应过来的许海洋几步追上我说："你不会吃醋了吧？"

醉饮桂花酒，把臂少年游

"你才吃醋了，你们全家都吃醋了！"我恶狠狠地说。

他笑得春光灿烂地看着我，"有件事我觉得我们必须好好谈谈了。"

"什么事？"

他一把揽住我的肩膀，轻笑着说："鹿萌萌同学，现在我们已经是大学生了，你看我们是不是有必要好好谈一谈恋爱了！"

"不行，你还没追我呢！"

"那你跑吧，我追你。"

武昌鱼不懂少女深情

倩倩猪

1

顾海楠临走之前给程君安留了一条活的武昌鱼，她看了看鱼鳃挺新鲜的丢了可惜，于是两年没做过饭菜的小厨娘决定大显身手试试红烧武昌鱼。

程君安先把鱼洗干净，然后撒上姜、料酒、盐腌制半小时，空闲时间她就刷刷朋友圈，看看小视频。手机屏幕上方突然弹出一条消息，是顾海楠发来的，他说，我已经到家了，你一个人在那边要注意安全，晚上睡觉记得把门反锁，还有吃鱼的时候小心鱼刺。

真是一个爱操心的邻居，程君安自顾自地嘟囔了一句便滑屏关了手机，她不想回他的消息，也不想接受他的好。

厨房是狭窄的单间，不到五平方米，程君安只身一人站在里面都会显得有点儿拥挤，长时间没有用过的电磁炉也不太听使唤。刚把腌制好的武昌鱼丢进锅里，程君安就开始手忙脚乱了，油放得不太够，火突然开到最大，一碗清水倒进去时已经闻到一股淡淡的煳味。

程君安放弃似的把火调到适中，清煮了二十分钟后起锅，此时躺在盘子里的武昌鱼卖相惨淡。

这一餐，她吃的实在是生无可恋。

2

两年前，程君安读大一，刚从三年苦逼的高中生活中解脱出来，她考上了心心念念的大学，陪伴着日思夜想的少年。杜若白就是那个少年，五官清瘦，眼眸深邃，还拥有一对一笑就令女孩子怦然心动的酒窝。

程君安高中暗恋了杜若白三年，当然不仅是因为他好看的样子，还因为他曾在她困苦无助时给予了最大的希望。入学之初，所有的新生都站在国旗下接受校长的开学致辞，程君安被父亲拉到了角落训话，父亲气急败坏地吼她："天天告诉你好好学习好好学习，你就是不听，中考考得一团糟，要不是我托关系交大额的费用，你到底有什么资格来一中报到？我今天就把话给你说清楚，如果你高中还是不好好学习，高考之后就辍学吧，我是不会再给你买大学上的。"

彼时的程君安只能低着头不说话，她的任何辩白都显得苍白无力，还说不定会引起父亲下一股邪火的爆发。她的眼泪安静地划过空气，滴在火辣辣的水泥地上，转瞬化为乌有。

"我说的你都听明白了吗？"父亲问她。

倔强如她，程君安连最简单的回答"我知道了"都不肯说，挎着书包就朝女生宿舍走去，留下父亲一个人站在原地叹气。

女生宿舍的宿管阿姨不在，大门紧锁着，程君安只能站在门口尴尬地盯着自己的鞋子发呆。身后突然响起一个明朗的男声，他问程君安："你怎么一个人站在这里？"

"来晚了。"程君安依旧低着头不敢多说话，她怕对方听出来她刚哭过。

"哦？"男生迅速地跑到了程君安的前面，弯腰低头与她对视，"咦，刚哭过？"

程君安本来还在气恼这个男生怎么这么多管闲事，却在看到一张明晃晃的笑脸之后愣住了，男生飞快地带着她到了隔壁草丛里不易被发现的水龙头边，然后吩咐她洗脸，最后递给她纸巾。

程君安刚抬头就看见女生宿舍下已经围满了人，原来开学典礼已经结束，所有人解散回宿舍。如果不是面前的这个男生眼疾手快，她此刻一定很窘迫吧。

　　"开学第一天，留个大花脸给同学们可不太好。"男生说完转身就走了。

3

　　这个曾拯救程君安于尴尬之中的男生就是杜若白，她第一次踏进教室的时候，就已经听到女生们在讨论他，说他以第一名的成绩考入一中，学霸加外表，堪称完美男神。

　　原来父亲不仅花钱送她进了一中，还进了奥赛班，程君安心里突然没有那么执拗了。父亲这次吼她，并非完全是因为她中考失利，更是因为他手持的股票下跌，母亲负气出走，一下子所有的爆发点都集中在她这里了。

　　"同学，我可以坐在这里吗？"顾海楠就是这时候出现的，莫名其妙地成了程君安的同桌，她偷偷地看了眼正在台上和班主任讲话的杜若白，收了下自己的胳膊别过头安静地看书。

　　第一次和杜若白的相遇让程君安一度以为，她比其他女生在他面前更有优越感，但真正打击到她自尊心还是模拟考成绩出来后，她发现杜若白遥远得就像夜空里的星，可望而不可即。

　　此后，班主任安排座位是按成绩排名，墙上的公告栏是按成绩排名，程君安憋足了劲儿去看书，还是被杜若白甩出几条街的距离。

倒是一直跟随她的同桌顾海楠几次都看不下去了，他抢过程君安的习题卷子，一脸悲愤地看着她，"就算是努力也得适度，你这么拼熬坏了身体就算考上杜若白要去的大学又能怎么样？"

"少管闲事。"程君安一向不喜欢顾海楠对她的关心，因为每每这个时候，她都会更希望站在她身边的人是杜若白。

皇天不负苦心人，高考成绩出来后，程君安终于光明正大地站在了杜若白的面前告诉他："我喜欢你，从你第一次站在女生宿舍门口为我解围开始。我知道你很优秀，但如今我终于可以与你并肩而立了。"

杜若白答应和程君安交往的那个暑假，顾海楠消失得无影无踪，甚至没有人知道他高考成绩怎么样，被哪所高校录取。

4

大一的课时和高中的比起来，简直多出了太多的闲暇时间，程君安终于可以把生活的重心从学业中稍稍地转移出来，她没事时会看很多的课外读物。

那会儿，有一个室友特别爱看言情读物，还推荐给程君安了一本《恋爱秘籍》。它不是一本小说，而是一本教人如何谈恋爱的休闲书籍。

书里有一句话对程君安影响颇深，大概是说：在恋爱关系中，女生抓住一个男生的胃比什么都重要。

于是几乎每个周末，程君安都会去不同的地方做兼职学艺。她去过韩国自助餐厅学习泡菜烤肉的秘诀；她去过意大利餐厅学习意大利面的做法；她还去过日本料理店学习各种校园爱心便当的摆放。

程君安在学习这些东西的时候都会反复练习无数遍，直到所有室友全票通过，她才会做出完美的作品送到杜若白的楼下。杜若白在大学里比高中更加夺目，除了专业课优秀以外，还在社团里忙得风生水起。每次都会有男生在窗口吹着口哨，调侃他："帅哥，小女朋友又来送爱心便当啦，真让单身狗羡慕得五体投地啊！"

杜若白不理楼上那些男生，但程君安从他的脸上可以看得出来，他嘴角总是噙着笑，两个酒窝好看得不得了，接过便当后单手环抱着她，温柔地说："君安，以后不要老是这么辛苦做便当了，我们可以出去吃。"

"没关系啦，给你做的每一份便当都是快乐的。"程君安喜欢被杜若白这样抱着，任他宠溺地揉散她的空气刘海儿，说着无比动听的小情话。

程君安所在的A大隔壁是一个不太理想的二本院校，据说最近两校中间的小吃街新开了一家很棒的酸菜鱼主题火锅店，里面囊括了所有鱼的不同吃法。

而杜若白最爱的美食中，武昌鱼绝对排在首位，所以周末的时候，程君安慕名前来学艺了。

但遗憾的是，火锅店的工作人员告诉程君安，这里不招收学徒，就算是花钱进来学也不行。快中午进餐的时间，工作人员正忙也不想和程君安废话，任由她拜托了很久也不领情。

无奈之下，程君安只能以顾客的身份点了一份清蒸武昌鱼，当鲜气弥漫的武昌鱼被送过来的时候，她愕然地发现面前的这位服务生正是高考之后消失得无影无踪的顾海楠。

5

在火锅店工作人员的闲聊中，程君安得知，顾海楠填的第一志愿A大掉了档，他不愿意去其他城市读一本，于是退而求其次选择了离A大最近的二本。表面上说是为了近距离地感受A大的人文底蕴，校园文化，但明眼人都看得出来，这小伙儿定是为了哪个姑娘。

顾海楠换完衣服出来的时候天已经暗了，程君安提着两杯热气腾腾的珍珠奶茶站在大厅等他，他比高中的时候更加健硕了，眉眼之间多了一份沉稳，只是看她的眼神依旧温暖如初。

"今天真是太感谢你了。"老友相见，程君安自然是开心的，只是对于顾海楠，她总是不敢索取太多，他给予了太多的好而她根本无以为报。

临近年关，校园的林荫小道上少了些许生气，程君安起了个大早赶去火锅店陪工作人员去市场挑选新鲜的活鱼，她打算亲手为杜若白烹饪一顿红烧武昌鱼。

天气预报播报了周几会下雪，但一直没有迹象，当程君安抱着保温盒从火锅店出来时，天空飘起了零星的雪花，她快步赶去男生宿舍楼下，生怕耽误了一点儿时间鱼就不够新鲜了。

刚到楼下就碰到了杜若白的室友，是个无论刮风下雨都会早起坚持跑步锻炼的阳光少年。他看到抱着保温盒的程君安显然愣住了，呵着冷气说："这么冷还做爱心便当啊，杜若白不在。"

"他去哪儿了？"程君安冷得缩了缩脖子。

杜若白的室友显得很为难，欲言又止的样子急坏了一旁站着的程君安，她着急地问："杜若白怎么了，他出什么事情了吗？"

"他没事。"杜若白的室友清了清嗓子，偏过头小声地说：“杜若白他……他最近好像迷上了社团里的一个姑娘，那姑娘也够矫情的，大冬天的非要吃什么夏记汤包，那家汤包店每天都好多人排队的，他都折腾大半个月了。”

“哦。”这个消息对程君安来说简直如五雷轰顶，她手上的保温盒失神掉了下去，盒子摔坏了，热气腾腾的武昌鱼就这么孤独地躺在了冰冷的地上，好像在嘲笑她，怎么会傻得如此彻底。

恋爱秘籍在这一刻突然失效，它说了那么多谈恋爱的小方法，唯独没有告诉她，相爱应该是两个人的事情，只有一个人在努力的，大多是场长久不了的独角戏。

程君安就这么和杜若白分手了，他们之间没有争吵，甚至没有一个像样的和平分手仪式。杜若白从室友的口中得知她已经知道了真相，然后，就没有然后了。

大二开学后，程君安搬出了女生宿舍，在学校外面租了一个单间，没过几天，顾海楠就成了她的邻居。这一住，他们做了两年的邻居，程君安自从那个冬天后，再也没有做过任何饭菜，即使外面的菜色不合胃口她也没再下过厨。

顾海楠从家里回来后，给程君安带了一大堆家乡特产，他一边嗑着瓜子一边问她怎么不吃，程君安站在镜子前整理自己的裙子，漫不经心地回：“我不喜欢吃瓜子。"

　　"为什么？"

　　"猴子当年变成人花了几百万年，而现在把人再变成猴子，只需要一把瓜子。所以我不喜欢吃瓜子。"程君安说完，顾海楠就笑了，这么冷的笑话，她只会讲给特别的人听。

岁月是朵双生花

一闪一闪亮晶晶

南 一

1

一觉醒来，阳光已透过窗帘的缝隙零零碎碎地洒到丁小禾的床边，她伸了个懒腰，准备起床。但一想到今天是去学校报到的悲催日子，她似乎就失去了爬起来的动力。现在，她正坐在床上发呆，两眼无神，目光呆滞。

丁小禾，一只即将遭受精神和肉体双重摧残的准高三狗。

而今天，报到以后，她就要成为一只真正的高三狗了。

"快起来洗漱，要迟到了！"丁妈妈一声怒吼吓得丁小禾只用了0.1秒的时间就冲到卫生间，迅速投入洗漱状态。

她看着镜子中懒散的自己，想着漫长的暑假也终于结束，新的一学期，是需要努力了。

报到之后，就立马要开始复习了，即将面临的期初考压得她喘不过气来。虽说早已知道有期初考这种东西，也做好了考砸的准备，但当它真正临近时，丁小禾还是不免手心冒汗，心虚不已。

2

两天的考试之后，丁小禾显然心情不好。是的，她真的考砸了，很差很差。

丁小禾，一个不显眼的小姑娘，齐刘海和圆框波点眼镜却显得她很可爱。

但是，她又似乎有些高冷，经常独来独往，面无表情的时候让人看了确实又有点儿害怕。

这样的她，朋友不多。她也会偶尔回应别人的招呼，只是笑得很尴尬。

其实她有点儿自卑，她觉得自己不够优秀。

在理科班级中，她并不突出，可以说是没有丝毫过人之处，可是，没有几个人知道她心中的那份不甘认输与倔强。于是她试图用冰冷来掩饰自己。只有不多的几个朋友知道她内心的火热。

3

放学后，她独自一人乘公交车回家。一群初中生也上了这辆公交车。其中一个女生向另一个女生介绍说："这几个男生都是我的兄弟，我们是葫芦娃，这个是大娃，那个是六娃，我是四娃。"

丁小禾听了，不知道有多羡慕。她也渴望这样的友情。

那层冰霜似乎融化了一点儿。

可是，一个急刹车，六娃和大娃撞到了丁小禾身上，一句道歉也没有。只听大娃对六娃说："你撞到这个小姑娘了。"

小姑娘？丁小禾本就不好的心情更受打击了，不就是比你们两个男生矮了点儿吗？她忍着怒气，心中狂喊："你们这群小屁孩儿应该要叫我姐！"

4

一个晚自习课间，丁小禾拉着为数不多的朋友之一柳千纤去逛操场，她想问柳千纤几个问题。

"柳千纤，你说为什么我就这么平凡，一点儿过人之处都没有呢？"

"小禾，世界上那么多人，哪能每个人都很突出啊，平凡一点儿有时候也不是坏事啊。"

"可是我不甘心这么平凡啊。"

柳千纤拉着小禾，躺在操场中央，"小禾，你看夜空中的星星……"

"今天晚上星星好多啊！"

"每个人都像是一颗星星，即使是最平凡的那一颗，也总有属于它的独特。说不定有天你就发现你对于某个人而言是最亮眼的那一颗呢。"

小禾没有说话。

突然，一个足球直击小禾的脑袋。

柳千纤在听到小禾叫了一声后，立马拉着小禾站了起来。

远处跑来一个男生，一身的休闲装让他在月光下显得格外清秀，他抱起足球连忙道歉："对不起啊，我不知道操场中间有人，砸到你了，真对不起，你痛不痛啊？"

小禾看他一脸愧疚，却也破天荒地说："没事没事，一点儿都不痛。"

柳千纤也纳闷，这还是那个对陌生人满脸冰冷的丁小禾吗？

男生见丁小禾也不怪他了，便转了话题，介绍自己说："你好，我叫石冰，可以交个朋友吗？"

"你好，我叫丁小禾。"

"好的，以后我们就是朋友了，那我先走啦，拜拜。"

丁小禾看着远去的身影，心中莫名地暖了起来，这个冒冒失失的大男孩儿让她觉得还是有人愿意主动跟她做朋友的。"石冰？一点儿都没有石头的坚硬和冰块的冰冷呢。"她心中暗暗地想。

"你看，或许你在他眼中就不平凡呢。你不要总是用冷漠伪装自己啊，这样会吓跑很多喜欢你的人。"柳千纤安慰丁小禾如是说。

5

后来，丁小禾发现，这个男生竟然就是隔壁班的。"看来真的是我太冷漠太不关注周围的人了。"小禾有点儿难过。

"嗨！"石冰在看到小禾后很热情地跟她打招呼，小禾也礼貌地回应，只是依旧笑得有点儿尴尬。

但是，渐渐地，丁小禾和这个男生熟络了起来，见面必打招呼，有时还闲扯两句，"你吃饭怎么这么快啊？""啊？有么？我觉得我挺正常的啊。"两个人相视一笑。一开始的尴尬莫名消失了。

小禾为交到一个新朋友而高兴，也为自己终于对石冰不冷淡而高兴。

"小禾，你以后想去哪个大学？"

"还没想好呢，不过有点儿想考南京的大学。"

"这样啊，那我也要努力往那里考。"

"干吗啊，舍不得我啊？那也没必要考同一个地方吧。"

"有必要啊，你看上去太高冷了，怕你交不到朋友，哈哈……"

"那你怎么还敢跟我交朋友？"

"因为当时的你很可爱，我知道你的内心一定不冰冷，果然被我猜中了。"

小禾看着身边这个陪她坐在看台上聊天的男生，阳光笼罩着他，让他看上去那么耀眼。

"他的侧脸真好看。"小禾在心中想。

6

有时候，石冰会约丁小禾一起去图书馆写作业，然后给她买好吃的、好喝的。两个人一边写作业，一边吃喝，还一边聊天。

石冰知道小禾的不甘落后和不服输，所以两个人一起讨论作业，一起努力，互相学习。偶尔，两个人也开开玩笑。

"跟你讲啊，我最近又长胖了。"小禾一脸委屈。

岁月是朵双生花

"没事儿，胖点儿多可爱，脸上肉一多，就显得没那么高冷了，哈哈哈。"

"你找打啊？知不知道女生最怕胖了，下次别给我买吃的了，长胖都怪你。"

"行，那我就给你买喝的。"石冰一脸坏笑。

"你怎么那么欠啊？什么都别买！"

"好吧，那就祝你不吃还能长肉。"

小禾一巴掌拍到石冰作业本上。

"我的天呐，你这也太可怕了，看起来挺温柔一人，怎么这么凶残？果然混熟了就暴露本性了。"

"是是是，我本残暴，谁让你不开眼，非要跟我做朋友呢。"

"我乐意，你管得着吗？"

小禾轻叹一声，嘀咕道："受虐狂。"

7

高三的这一年，丁小禾因为多了石冰的陪伴而不再孤单，学习的枯燥感也渐渐消失，反而让丁小禾有了要更努力的动力。

高考，如愿以偿地结束，丁小禾和石冰果然去了南京。

石冰递给小禾一杯热咖啡，"真好，我们还能像现在这样聊天。"

"高三一年，谢谢你的陪伴！"

"突然这么客气干吗？"

小禾没有说话，她知道自己心里的感动，却又说不出口。

过了许久，石冰说："你知道我为什么主动跟你交朋友吗？"

"不知道。"

"因为你在我心里很独特，我知道你的冰冷只是表象，你的内心一定是非常热情的。你渴望有很多朋友，可是你有些自卑，你怕自己太平凡，会被拒绝。我还知道你的倔强和不服输。"

小禾认真听着，心中洋溢着暖流，满满的感动。她没想到石冰居然这么了解自己。

"其实那天足球打到你并不是意外，也不是我第一次想要认识你。"

小禾有些惊讶，"什么意思？难道你是蓄谋已久的？"

"可以这么说吧。我一直很想认识你，我知道你吃饭排队的时候习惯在食堂左边，知道你转笔技术不高却还是一直转，哪怕不停地掉到地上。只是你太不关注别人，以至于发现不了别人对你的关注。有时候你也太高冷，让我想认识你的勇气瞬间被寒冰击垮。终于那天，你并不是冷冷地说了一句'没事'就转身走掉。"

小禾红了眼，"你知道的，我只是害怕被拒绝，所以伪装成高傲的样子，我也一直在努力改变自己。"

"没事，你这样也挺好，反正我们已经是好朋友啦。其实我只跟男生很玩得来，一般不跟女生讲话，也不敢去接触什么女生，你是第一个我鼓足勇气想要改变自己去认识的女生，你在我心中注定不平凡。"

"幸好当时我没有冷漠，幸好你有足够的勇气，也幸好我们依旧在一个城市。"

小禾看着石冰笑了，无比灿烂，脸上的冰霜早已消失殆尽。

8

谢谢你的蓄谋已久，谢谢你让我知道我在你心中的不平凡。

每个人都是一颗独特而又亮眼的星星，在夜空中，一闪，一闪，亮晶晶。

岁月是朵双生花

倾城流年

今天在QQ上和龙德说话了。挺难得的，一是因为龙德没有手机，他一般都是向同学借手机用的；二是这个时候离高考只有十天了，复习都觉得不够时间，哪里还有时间和心思上网啊。所以当我上QQ见到龙德发给我的信息时我还是挺纳闷的。有什么事儿不能等到高考后再说？

原来，龙德找我是说去寺庙拜神的事。我们过年时去了一个很有名的寺庙拜神，方丈问我们求佛保佑什么。我们说高考成功。临走时方丈说高考前再来拜一次。而今天距离高考还有十天，如果不是龙德找我，我都忘了。龙德说今周末找个时间一起去。我的第一反应就是我没钱啊！然后龙德很土豪地说了句："我有大把钱！"我幽幽地说了句"今天太阳好晒啊"，我的意思是你有钱你在向我炫！龙德竟然理解成了我没打伞在路上边玩手机边和他聊天！我无语了，也懒得和他解释。我说我就快穷死了，好久没加过学校的菜了。

龙德继续"晒"，他说："我一天喝两瓶牛奶，天天加汤，日子过得很是滋润！"我当时心里想的是如果不是隔着手机我们在不同的学校我就不管三七二十一直接把龙德给胖揍了！所以我忍不了了，直接说你用支付宝转六十四元到我卡上！因为卡上还有三十六元，刚好凑够一百。看我多好，也不坑龙德一百。龙德很爽快地答应时我就后悔了，应该问他要一百六十四元的呀，唉！真傻！有弟都不坑还能坑谁呢？唉！不过也无所谓了，反正有钱用了。想当年瞒着老爸老妈偷偷买手机也坑了龙德一百块，说是赞助。和独生的同学说起这事，我除了被鄙视外，还有满满的"有弟就是好！不用羡慕哈"的爽。

不过不要以为我和龙德是相亲相爱的两姐弟哦。历史上哪一对姐弟是能够和平相处长大的，更不用说龙德和我了。用老妈的话来说不吵架就很不错了。不过从小到大，和龙德吵架打架几乎都是龙德让我的。小时候龙德的身体长得没有我快，我欺负他是小事一桩。长大了，弟弟让姐姐也是正常的事。可能在龙德看来他更希望自己是哥哥吧。因为有时我叫他阿哥他应得倒是挺快；叫他阿弟的时候理你都不太愿意。

因为村里和我同龄的女生少，小时候想出去玩都是跟在龙德屁股后面的。还记得一起下河捉到鱼回家偷偷用老妈闲置的铝锅来养。后来老妈发现了，龙德就说是阿姐叫我拿来用的！我就说我是女的我喜欢养鱼呀！结果老妈把我俩骂个狗血淋头，老妈骂时我俩大眼瞪小眼，还用嘴型说都是你的错！哼！

还记得一起上山摘荔枝，因为荔枝树太高，我爬上去竟然爬不下来了。已经爬下来的龙德催我，快点儿啊，天就快黑了，不用摘那么多啊。我哭笑不得地说我不敢爬下来了。龙德听后爆笑。最后还是被我哭烦了抱来一大堆别人摘荔枝剩下的枝丫枝叶铺成厚厚一层，说你下来吧，就算我接不到你还有这些东西垫着呢。

还记得和龙德一起去偷隔壁家的石榴。隔壁家是有钱人，一般都是周末才回来住两天。他们家种了李子、蕃石榴、地菠萝等等我们很少见的水果。每次龙德都能借助冲力爬上那高高的围墙。我就不行了，必须龙德蹲下让我踩着肩膀才能爬上去。有时龙德不耐烦了就叫我在墙外守门看风，还安慰我不用你帮忙都得吃，多好！我也喜滋滋地信了，没想到龙德在里面吃饱才出来。

还记得夏天和龙德一起去池塘游泳，晚上一起去田里捉青蛙；睡觉前在床上走来走去追拍蚊子。还记得冬天和龙德在天刚黑时去刨别人家的红薯玉米来烤，第二天去田里帮老妈干活被人家骂。还记得和龙德的很多事啊，说个三天三夜也说不完。后来慢慢地一起长大了，再也没有小时候的胆去"偷"别人家的东西了，都是窝在家里看电视、打扑克、玩手机，以前从来没觉得时间会过得这么快，回忆起小时候还仿佛是昨天，转眼我们竟然成年了。

成年了，龙德自以为成熟了。竟然真的把他姐我当小孩儿看。每次过马路都紧跟我，骂我长着眼睛不会看路。高三毕业去聚会，在家的他打电话来说小心点儿啊，不要给人骗了！有事打电话或QQ联系！当时我就惊呆了……真的，他到底是有多不放心我呀？好吧，我心领了，也还是要说声谢谢啊！

还记得第一次觉得龙德对我是那么重要是在姨妈家吃饭。当时姨妈在楼下炒菜，龙德和我在楼上玩。龙德不知怎的坐上了皮椅的靠背，又逞能地站在皮椅上面，然后突然"砰"的一声掉到了地上。当时我就被吓着了，如果不是龙德虚弱地说"阿姐快去叫姨妈"提醒我，我还呆若木鸡中。姨妈很快把龙德送到医院急救。我当时只知道紧紧地握着龙德好像慢慢变冰冷的手，身体一直在抖，心里害怕得要命。看着龙德本就苍白瘦得棱角分明的脸因为那一摔而更加苍白，我就后悔得要死，平时干吗和他抢东西吃啊。

医生一次给龙德打了两瓶掉瓶，龙德身体承受不了开始呕吐，胆汁都差点儿吐出来。我感觉到自己无力苍白的安慰更似是在安慰自己，不要害怕不要担心，一切都会好起来的。心里却是在骂自己平时为什么不和龙德相亲相爱，非要等到就要失去了才知道珍惜。所以无论是那时、现在还是未来，我都不敢让自己想象龙德不在我身边的生活是什么样子的。好在老天保佑，龙德没有摔傻，住院一周后就回家了，好像还更聪明点儿了，回家还继续和我抢吃的。

一般来说弟弟都会嫌弃姐姐的。嫌弃姐姐不会做饭不会做家务不会打扮更没有别人家的姐姐好看，还整天像个男人婆大声说话只会乱花钱发小姐脾气吵架时还理直气壮。记得有次我在龙德面前放了个响屁，当时龙德一脸嫌弃加鄙视地问我："你还是个女的吗？"我也当即反驳："你没见过老妈在老爸面前放屁啊？！"龙德估计被我气到了，说："我从来都不打女生的，可你表现得也太不像一个女的了！"然后就是满屋子的鬼哭狼嚎。

某次和龙德一起去逛街。在我平时经常去的服装店时，老板问我"他是你的男朋友吗"时我愣了几秒后爆笑，龙德满额黑线，当即解释说："我是她弟弟！"老板有点儿尴尬地笑着说："哦！看着不像啊。呵呵。我还以为是你男朋友呢。""我长得像我爸，她长得像我妈。"还没等我回答，龙德又抢着解释。唉！话说是我长得太丑了吗？龙德竟然嫌弃如果我是他的女朋友，他该怎么见人。的确，我们除了都是皮肤白点儿，其他方面长得一点儿都不像。每当我自恋地说我长得好看时，龙德都吐嘈我的自信心真是爆棚！明明是一米五九非说成一米六，肥就不说了，人还特别懒……不用说了，反正龙德从来没觉得他姐有啥优点。

今年龙德要和我一起考大学了。是的，我是复读生，龙德是应届生；他是理科生，我是文科生。我们也不在同一个学校读书。想当初我们中考的分数竟然可以考到一样。想来我们真是有福气，也不知要多少年才能修来的姐弟缘。现在能一起携手考梦寐以求的大学也是命中注定的吧。不过龙德想考的大学和我想考的大学不在同一个城市。所以每次在家谈论到大学时，我都怂恿龙德考去我喜欢的那个城市。龙德问为什么，我说等放假可以一起回家啊。其实更重要的是坑龙德容易点儿，而且有他在的城市也会给我增加很多安全感。

只是我的成绩太烂了，就算是复读我都赶不上龙德那精力旺盛的学习劲头。所以每次龙德问"有没有信心考到××啊"时，我就算是心虚也不输气势地大声说：肯定行啊！龙德和老爸一样不肯我报考外省的大学。因为他和老爸一致认为如果我去了外省读大学就等于嫁去了外省，以后再回家就很难了。虽然说有电脑手机可以视频什么的，但是都是看得见摸不着的能有什么用？这不是等于老爸没了一个女儿，他没了一个姐吗？所以在我第一年高考填报志愿时龙德是随时监视着我的。

表姐订婚的时候，我担心地和龙德说："表姐嫁给的是独生子啊，那家人会不会待她不好？"龙德有点儿无语地说："如果真的是这样的话，那阿辉（表姐的亲弟）

就应该拿把刀去宰了他！如果他不这样做，他就不配做人家的弟弟。如果以后你的老公敢欺负你的话，我和龙杨（我们的三弟）找他拼命，敢欺负我姐？也不看看她弟是谁！"当时我就被龙德华丽丽的狠话狠狠地感动了，啥都不说了。

想想有弟弟真好啊。但又想想等读大学了，和龙德相处的时间就更少了。等大学毕业出来工作了，我们就更是各种忙的了。然后到结婚的年龄又有各自的家庭要忙了。明明我们一起走了那么多年，但为啥时间走得这么快？仿佛昨天我们还在一起玩弹玻璃珠……想来好久没像小时候那样和龙德一起睡觉了；好久没和龙德一起逛街，撒娇说走不动了叫龙德背我了；好久没和龙德一起疯玩了；好久没和龙德一起……龙德呐，我亲爱的弟弟，愿岁月待你我安好。

从前最爱海绵宝宝

布 鱼

他更加觉得洛潇潇真勇敢

欧皓文牵着大黄找到洛潇潇的时候，路灯已经亮了，洛潇潇靠在路灯杆上，手里抱着KFC的全家桶，恨恨地咬着一只炸鸡腿。他低下身去，摸摸大黄的头，小声说着："大黄乖，你的救命恩人现在生气了，我们现在去哄她开心好不好？"大黄是一只特别爱吃鸡腿的金毛狗，因为爱吃鸡腿过马路太着急被车撞了，被洛潇潇救了下来。

对于洛潇潇生气的原因，欧皓文一清二楚，还不是那个整天跟她在一起的周一帆惹的。

早在大家军训的时候，洛潇潇就曾率性地拿起教官的大喇叭喊："周一帆，我不许你对别的女生好！"这可让当时正和一个女生嘻嘻哈哈的周一帆顿时脸红到脖子根去了。

似乎有些不妥，可洛潇潇才不管，守护自己喜欢的人，没什么不妥的，她就这样，无畏无忌。众人唏嘘，多半是说她脸皮厚的，不过也有欧皓文这个例外，相反，他更加觉得洛潇潇真勇敢，之前就见识过她的勇敢，一个小丫头片子，竟然一把扯住那个企图逃跑的肇事司机衣领大吼一声"快送医院"，这一幕被慢了一拍赶过来的欧皓文深深地记住了。

然而，勇敢有时候会令人佩服，有时候过头了或者用错了地方也会招人反感的。

洛潇潇就这样不合时宜地在期中学习进步奖代表发言的时候，勇敢地当着全校几千名师生，对周一帆——表白了！

她是这样以壮士断腕的豪情说的："我想我之所以学习进步如此大，是因为我喜欢的周一帆成绩比较好吧，但成绩很好的周一帆最近却和一个成绩很好的女生走得特别近，虽然我现在成绩进步还算大，却还是输给了那个女生，可我洛潇潇是这样容易认输的人吗……"

而她口中的那个女生不是别人，正是军训那天和周一帆嘻嘻哈哈的女生，叫叶晨曦，校花级人物，人美嘴甜成绩好。她不是霸道到不许周一帆跟任何女生亲近，只是这一次，她能感觉得到周一帆对叶晨曦是前所未有的认真。

这样"大逆不道"的言论引得全场一片哗然，扩音话筒被紧急掐断，洛潇潇和周一帆也立马被请进了教导处，要知道"早恋"可是校方明令禁止的大罪，更何况是这种公开"早恋"的影响极坏，请家长、写检讨、家长保证、罚站等等自然是不可避免的，这些惩罚在洛潇潇表白前，她不是没有想到过，她只是不希望周一帆继续和那个女生亲近，另外她也想让周一帆知道她的心意。

可往往关心则乱，她这样子，只得到了周一帆的反感，后来好长一段时间，周一帆见了她绕道就走。

今天，她终于忍不住了，买了全家桶在他回家必经的小路口等他，想向他赔罪，可等到天黑了路灯亮了，周一帆也没有出现。

其实在欧皓文找到洛潇潇之前，他就几番周折打听到了，周一帆听说洛潇潇抱着全家桶等在他回家必经的小路口等他，于是他绕了大半个小城走，宁愿多走两小时也要避开和她的见面。欧皓文来找洛潇潇当然不是要告诉她这些的，他想假装和她避近，在快要靠近时指使大黄去抢她的鸡腿，然后道歉，进而接近，最后顺理成章地陪着她安慰她。嗯，主意不错！

可欧皓文猜中了故事的前头没有猜中故事的后头，在大黄还没来得及抢洛潇潇的鸡腿时，洛潇潇竟然主动拦住了欧浩然，说："一起吃吧，我知道你也喜欢吃炸鸡腿，我每次和周一帆去买炸鸡腿的时候，都能看见你和你的狗狗……"

自从见识过洛潇潇为大黄的挺身而出后，欧皓文也不知怎么的，有事没事就牵着大黄往那家炸鸡腿店跑，可每次都是略带失落地回，见不到洛潇潇的时候会失落，见到了洛潇潇，看见她每次都是有说有笑地挽着周一帆去的时候，他更加会失落，她的眼里好像只有周一帆！

总是假装成一个路人，连打招呼的勇气都没有，他以为他在她的世界里就只是一个路人，可今天她竟然说她知道他也喜欢吃炸鸡腿，他不免有些激动，说话也结结巴巴的，"你——你——你怎么知道我也喜欢吃炸鸡腿的……"

洛潇潇没有回答，而是蹲下身去，摸摸大黄的头，给了它一个鸡腿，"我记得我之前好像救过它，陪我说说话吧，就当是回报吧，好吗？"

你吃了我的鸡腿就要帮我一次

那一天，洛潇潇对着欧皓文进行了一次很长很长的聊天，不过大多是说她和周一帆之间的往事，青梅竹马，从前很美好，但自从那个叶晨曦出现后，就变了，可她洛潇潇是这样容易认输的人吗？显然不是，所以第二天，在学校又遇见欧皓文的时候，她狡黠地冲着他笑了，还说了一句："你吃了我的鸡腿就要帮我一次"。

在洛潇潇的剧本里，是这样设想的：据她所知，周末放假的时候，周一帆喜欢穿着夹脚拖鞋去楼下的面馆吃面，他吃面的时候还喜欢跷着二郎腿，他跷着二郎腿吃面的时候，大黄可以轻而易举地叼走他的夹脚拖鞋，这时候，她以女主角的身份出场，勇敢地从大黄口中抢回男主角也就是周一帆的拖鞋，然后女主角把拖鞋还给男主角，然后男主角就会对女主角感谢，然后嘛，欢乐结局……

洛潇潇说完自己的设想，拍了拍欧皓文的肩膀，自信满满地笑说着："哎，兄弟，怎么样？帮不帮？"

"帮！"真奇怪，她和他也不过是进行了一次很长很长的聊天而已，可自从那次聊天后，他们的关系忽然变得亲密起来，大概也只有"一见如故"这个词可以解释了吧，又也许，见识过她吐露的心声，他便自觉地有了一种被期望的感觉，如他所说："放心好了，你的事就是我的事！"

很好，连配角和跑龙套的都搞定了，现在只剩下现场直播了。

周末，天晴，骄阳似火，大街上来往的人群短袖拖鞋比比皆是。先是锁定男主角周一帆，他正在吃面，二郎腿跷起，自在地把夹脚拖鞋在脚上有节奏地拍打着。然后，跑龙套的欧皓文牵着配角大黄出场，跑龙套假装买东西，放开配角阿黄，阿黄盯着男主角的夹脚拖鞋就跟盯着吮指原味鸡似的，注目，观察，靠近，找准时机，一口叼起，好样的，撒腿就跑，只留下还在吃面的男主角一脸无辜又无语。这时候，女主角闪亮亮登场，抢过阿黄口中的夹脚拖鞋，再还给男主角。好了，剧情进展到这里，就该是男主角十分感动，万分感谢女主角的时候了，可偏偏男主角一把抓回拖鞋，穿上，甩下两个字"无聊"，然后头也不回地走了。

什么！不应该呀。这不在洛潇潇设想的剧本里，她连忙追过去，感动不成那就套近乎吧，她笑着对他说："哎，听说你最爱的《海绵宝宝》好像要出电影了。"

对方却一脸不屑，"切，都什么时候的事了，我现在爱看《爸爸去哪儿》了好不好？"

可是明明初一的周一帆，只要听到《海绵宝宝》就开始絮絮叨叨了，"就那个穿方裤子的爱和派大星一起的海绵宝宝，超级搞笑的，我的最爱呢……"但是现在，他还给她举了个例子，"比方说，初中爱穿的衣服高中可能就不爱穿了。"

"那我呢？"她气鼓鼓地问。

"你什么？"周一帆惯性地露出痞痞的笑，"呵呵。"

"是你初中的衣服对吗？"她更加较真起来。

"你呀，你是衣服吗，你顶多是校服好不好，哈哈哈——"周一帆自以为开了一个不错的玩笑，没等洛潇潇回过神来就开溜了。

岁月是朵双生花

他走后，洛潇潇也不管了，就蹲在这人来人往的大街上，汗如雨下，她没有哭，她只是有点儿失落，欧皓文送遮阳伞过来的时候，她皱着眉头嘟着嘴问："我真的就这样不招人喜欢吗？"

"哪有？你心地善良，率真简单，怎么会不招人喜欢呢……"听欧皓文这么一说，她忽然就释怀了。

脸皮再厚也不是铜墙铁壁，
也总会知道飞蛾扑火原来是会被灼伤的

后来，夹脚拖鞋渐渐换成了雪地靴，这段时间里，洛潇潇倒是沉默了许多，周围同学于是又开始了议论纷纷，洛潇潇同学对周一帆该不会是因爱生恨，从此不再联系了吧，说得多了，连欧皓文也开始信了，难不成洛潇潇真的对周一帆死心了。

可对于洛潇潇哪有这么容易放弃的事，到底是个不肯轻易认输的女生，她沉默的这段时间里，只是在酝酿着新主意。有一天她在看到了"破釜沉舟"这个故事后，豁然开朗了，找两个看起来凶神恶煞的人，趁周一帆路过的时候欺负她，让周一帆有一个英雄救美的机会，激发他的保护欲望，也许他会重新对她好，毕竟，他们的认识就是从周一帆曾经在路口帮她打跑过要钱的小混混开始的。

她是这样想的：如果周一帆还是会像第一次遇见的

时候，英雄救美，那么就是情敌三千，她也还是会继续坚持；如果周一帆真的可以冷血到见死不救，说明他真的一点儿也不在乎她，那么她也可以死心了，死心了倒也好。

但是，一切布置妥当，最后"救"她的却是欧皓文那个不长眼睛的家伙，她被他拖着，死命地往前跑，往前跑，她大喊停下，他却没听见，跑到一个巷子口的时候却突然停下来，说什么走错了，要往回走。

可这明明是条死胡同，往回走只有被"揍"的份，虽然洛潇潇知道那两个欺负她的人，是她自己找来的，不会真的揍她，但是欧皓文的举动让她感觉怪怪的，前面一定有什么不能让她知道的，越是这样，她越是要往前去，甩开欧皓文拽着她的手，冲出去，却看见了周一帆一只手正牵着叶晨曦的小手，另一只手里拎着女生包包，叶晨曦则另一只手拿着奶茶喝着，两人眉来眼去，样子甜蜜到不行。

周一帆抬头的时候也看见了洛潇潇他们，但他什么都没有说，就仿佛看见一个陌生人似的。

洛潇潇的心忽然就冷了，开始自言自语起来："也许真的是我自作多情吧，我有一点点难过，没错，我是个脸皮厚的人，但脸皮再厚也不是铜墙铁壁，也总会知道飞蛾扑火原来是会被灼伤的……"

欧皓文从来也不知道，原来洛潇潇也可以这么文艺，他见过她的勇敢，见过她的霸道，见过她生气，见过她犯傻，可如此文艺的她，他还是第一次见到，他不知道该说些什么来安慰她，他只是走上前去，别过她的头，靠在自己肩膀上，任由她的小拳头没由来地捶打着他。

如果你不介意，我愿意做你的派大星

再后来，洛潇潇开始整天和欧皓文玩在了一起，当然还有欧皓文的大黄，两人一狗经常组团去吃炸鸡腿，去的还是老地方，吃的还是老味道，但洛潇潇却很少笑得像以前那么大大咧咧了，她开始学着校花叶晨曦的笑，那种很淑女的笑，但总给人一种东施效颦的味道，周围的同学们开始说洛潇潇真是越来越做作了，更有好事者拉过欧皓文悄悄说："像洛潇潇那么做作的女生，为什么你还愿意和她玩？"

欧皓文笑了笑，反问了那个好事者："那你说为什么老子要写《道德经》？"

"为什么？"

"因为老子愿意。"也对，这个世界上，有太多事情解释不通，比如洛潇潇对周一帆过分的固执，比如欧皓文对洛潇潇的执着，又如周一帆对叶晨曦前所未有的认真，解释不通，但一个"愿意"，别人也只能无话可说。

校花终究是招很多人喜欢的，紧张的高考终于结束后，欧皓文决定带着洛潇潇看看电影放松一下，没想到散场的时候，竟然无意中撞见了校花叶晨曦和另一个男生的约会，男生一手捧着爆米花，一手抓着叶晨曦的小手，叶晨曦则头靠在男生胳膊上，那甜蜜的样子比起当初在路口她和周一帆简直有过之而无不及。

最先看到叶晨曦和另一个男生的是欧皓文，他捅了捅洛潇潇的胳膊，"哎，叶晨曦和周一帆一高考完就分啦？"

"怎么可能，周一帆对叶晨曦那么认真！"洛潇潇说着往欧皓文所指的方向看过去，见叶晨曦和别的男生甜蜜约会，一下子就不知道怎么回事，竟然跟自己戴了绿帽子似的，冲过去，揪住那个男生就揍了一拳，叶晨曦大惊失色，洛潇潇顿时成了一个泼妇，揪住那个男生死死不放。

男生也火了，一把甩开了洛潇潇，最后，反而是欧皓文和那个男生扭打在了一起，拉都拉不开。

一旁紧张地叫了好几声"别打了，别打了"的叶晨曦，无奈中只好打电话给了周一帆，可等周一帆赶到的时候，事情已经不妙了，欧皓文同学，怒发冲冠为红颜，已经成功地挂彩了，三个扭打在一起的人，这才停下来，赶忙将欧皓文送往医院……

就在欧皓文伤好得差不多的时候，高考分数也出来了，按照学校以往的惯例，大家都会回学校一起填志愿。

当洛潇潇搀扶着欧皓文去学校填志愿的时候，她又看见了周一帆和叶晨曦在一起甜蜜着，不过她已经不痛不痒了。她原本以为他们会因为那件事而分开，但最后他们没有，听别的同学说，叶晨曦后来后悔了去找周一帆，要重新开始，于是周一帆就同意了重新开始。

其实早在路口看见周一帆牵了别人手的时候，她就明白了，从前属于她的周一帆现在是别人的了，只因为在很长的一段时间，她固执地认为周一帆是她的，就只能一直是她的。不好意思，她就是这样一个厚脸皮、从不轻易认输的女生。

但现在她决定原谅自己当时的无知还有无端的固执，不是认输，而是想要重新开始。她看了看身边的欧皓文想说点儿什么，却不知该从何说起。

反而是欧皓文，笑了笑轻轻在她耳边说："听说海绵宝宝之所以快乐是因为有派大星陪她一起疯，如果你不介意，我愿意做你的派大星。"

她点了点头，笑了，又哭了，是感动。

走过了初一还有初二，过完了十八岁还有十九岁，从前最爱的《海绵宝宝》现在被《爸爸去哪儿》代替了，而《爸爸去哪儿》后可能还会有其他，这就是生活呀，有人离开就有人会来，不过还好，洛潇潇的生活里走了周一帆，又来了欧皓文。

那些男生教给我的事

崔 安

首先，我要对正在减肥的人表示深深歉意，因为我所说的这些故事，皆与美食少年有关。

如果你没办法原谅我，那你就静静看我胖死好了。

面 包

我是个面包重度爱好者，病入膏肓。栗子蛋糕、香肠面包、红豆奶排、抹茶慕斯、蓝莓派，或是最有嚼头的全麦吐司我都爱，柴宇冷冷瞥我一眼，侧脸是明媚的，说的话实在不讨喜："发胖。"

初次见柴宇在电梯里，他竟穿了白色绸缎马褂，功夫黑裤和练家子的布鞋，却是少有的和谐好看。而我，被冲进电梯的人群推搡着，把一杯浓香的咖啡全数洒在他身上，柴宇低头看我，不温不火，"同学，你成功引起了我的注意。"

柴宇和我同系，四年间遇到不少姑娘，环肥燕瘦各有特色，柴宇跟她们谈理想谈电影谈青春就是不谈恋爱，也有小姑娘憋不住气，先跟他告白，可都没成。他从来都不向我说起自己的情史，我们只谈美酒，不谈风月。可这次谈美酒他吐了，对着马桶表情极为纠结，我过去给他捶背，惊呼一声，赶紧送医院，肠子都给吐出来了。柴宇费力转头看我一眼，"那是老子吃的猪大肠。"

柴宇借酒消愁，因为我刚刚弄丢了他呕心沥血三个月做好的图纸。

为表深深的歉意，"只有歉意吗？"柴宇挑眉看我，一边重新做着图纸。好吧，和忏悔，我主动承包了柴宇三个月的早餐。

糖 炒 栗 子

再次见到杜浩铭时我正剥着一颗顽固的栗子。

他看到我似乎很是惊讶，"你怎么那么瘦了……"

"我怎么那么瘦了？"我反问他，噘起嘴角，并没有笑。

这是发生在高中的暗恋故事，普通得像一张地理老师早读时候发下的学案。

优等生杜浩铭一副白面书生相让我三年欢喜，那时他坐在我身后，少言少语，却满足了我对男朋友的所有幻想。

在暗恋的故事里我更愿意做一个心机算尽的暗恋者，或者更应该被描写成一个鲜活的阴谋家。我喜欢你，所以我想得到你，你有女朋友或者有喜欢的女生？我才不会祝福你。你是一颗令人垂涎的青梅子，而我不满足于望梅止渴。小说里暗恋男生的女生太可怜，我不甘心。

不甘心你就抢，抢不过就白给别人，但你不抢也不给，就这么耗着，纠结着，写着日记伤心着，那你活该。

"那你怎么做的。"柴宇问我，早饭期间我们的话题由新闻局势莫名其妙转到了我的暗恋史上。

我总是偷偷放在杜浩铭桌洞里各种食物——学生时代商店里的膨化零食，烤的香软细腻的红薯，或是升腾着夏天气息的各种冷饮。

"这是谁给的？"杜浩铭问我。"不知道。"我说。

制定策略，意外邂逅，创造惊艳，买通太医，以搏皇后之位。

"武则天角色自动带入？"柴宇憋笑。

这皇帝叫杜浩铭，不出意外的话他就是男主角。

可惜出意外了。

他漫不经心，"我不喜欢你。"

这回答简单粗暴，没有一丝拖泥带水，漂亮。

他把我放在桌洞的栗子还给我，"与其那么爱吃，不如想想为什么那么胖。"

听完了我的诉述，柴宇沉默了很久，静得让我满心发慌。

良久，他皱起眉头，轻叹一声："你当初是有多胖？"

柴宇说不管高矮胖瘦，心灵美才是最重要的。

"就算你是个二百斤的肥仔我也爱你。"然而我不相信有男生真的这么想，就算你敢这样说，我可不敢这样胖。

被杜浩铭通知"不喜欢你"的第二天我就下了馆子，点了一桌肉菜，大快朵颐后忽然醍醐灌顶——我胖我吃你家肉了？

后来我还是瘦成了一道闪电。

在见到变瘦的我的第三天，杜浩铭来学校找到我。

"他现在感兴趣的不是你，是瘦子。明白吗？"柴宇说。

于是我放了杜浩铭的鸽子。

如今我依旧记得那时堆积的课本试卷和教室里吱呀的风扇，以及埋头在书海里干净的少年，只不过我爱过的不是少年，而是爱着少年的我，不论胖瘦，我永远爱着自己。

遇见杜浩铭的当晚我做了一个冗长的梦，梦见他依然旧时模样，蓝白校服和清瘦的身影，我拿着一袋热腾腾的糖炒栗子路过他，对他清清楚楚明明白白翻了一个白眼，背景是大雄与哆啦A梦回家时美美的夕阳。

心情十分舒畅。

煎虾饭团

这些料理全都是江鲜自己做的，餐盘精致，色鲜味美。

江鲜低我一级，刚从土木系转来，符合日系杂志上的描述：皮肤惨白，深栗色头发，手指骨骼分明，有着拒人千里的沉默。

江鲜一转来就加入了我管理的诗词社，对于这么一个冷漠的文艺男能主动入社让我受宠若惊。

新生入学那会儿，我带着零散的社员顶着烈日在军训队伍的旁边，放两张桌子，贴一张宣传海报，拿着报名表促销似的看到穿军装的新生就问："同学，加入建筑系诗词社吧。"宣传了一周，收回的报名表寥寥无几，隔壁文艺部报名人数却是饱和，人家一排啦啦队员往那儿一站，直接免了宣传词。

江鲜说他就是在那时见到我的，他还记得纳新的时候我穿过的鹅黄色裙子。

"裙子真丑。"他说。

江鲜租住了学校附近的公寓，上月我推选他到市里参加诗词比赛，获得了第二名，他请我来他家吃饭。

"我转系过来是因为你。"他说。我差点儿被饭团噎住。

这是他自制的煎虾饭团。蒸米饭时放入少许干百合花瓣，吃起来口感更好。

之后我并没有接话，江鲜侧头看我一眼，也没有继续再说，他是个聪明人，既有着恰到好处的疏远又有着适可而止的暧昧。

"我该怎么办？"我坐在柴宇对面，咬着筷子。

直接拒绝江鲜显得失礼，不拒绝他的话，我又像是个吊人胃口的混蛋。

"不要耍流氓。"柴宇说，他往面汤里放下一大勺辣酱，吃起来表情超脱淡然。

思来想去，我不是流氓，所以还是拒绝了江鲜的暧昧。

一杯香茗一张筝，青天明月和万字书，江鲜的文艺让人闲适，可惜我人俗，天天文艺我吃不消，还是让我生活在新闻联播里比较美好。

每天清晨，我带着债主柴宇在播放《朝闻天下》节目的食堂吃早饭，他生活规律得不近人情，早起跑步和豆浆油条万年不变不嫌乏味。吃饭时伴着柴宇冷不丁的毒舌，听着主持人磁性声音介绍着地球每天发生的故事，才感到一天的开始。

香 肠 泡 面

算起来，柴宇已经两周没有跟我说话了。

我问起缘由，柴宇只是低着头画图，不知是喜是忧。

柴宇的故意疏远似乎是因为我找了男友的原因。

但是，怪我吗？

男友李树是我初恋，或是因为他的招牌坏笑，或是因为我冲动的荷尔蒙，总之，我恋爱了。李树是南方人，他豆腐脑要吃甜，他不喜吃香菜，他吃肉粽，而我和他相反。

罢了，中华民族地大物博，美食丰富，就算口味不同也不妨碍我与男友的南北感情大融合。

然而——"你爱吃辣条？"男友看着我。

"你尝一个。"我笑着举到他嘴边，他避开，一脸嫌弃。

于是我本给他买的一箱零食，都成了他嫌弃的垃圾食品。

"我和他口味完全不对怎么办。"我撇嘴，对柴宇抱怨。

柴宇低头审图，紧抿双唇，并不理睬。

"喂——"我抗议。

岁月是朵双生花

"喔。"柴宇缓缓抬头，"那我可以帮你。"

"好啊。"我双眼放光。

"可以帮你把给他买的零食吃掉。"

学期末的时候要交建筑设计图纸作业，工程量巨大，只得在制图室通宵。

"我晚上和舍友去网吧，不陪你通宵了。"李树对我说。

这时是晚上十二点，柴宇先是从门口探出头来，我正开着台灯在一团黑暗中画图，他静悄悄的出现吓了我一跳。

柴宇带来了两桶泡面和玉米香肠，将香肠用叉子均匀的切开，撒料冲泡，模样认真得就像在做一份高级的日本料理。泡面散发出满满的幸福感，趁着灯光我看清了柴宇的侧脸，不曾想他可以如此好看。夜里我熬不住睡了过去，醒来后发现柴宇拿了针管笔帮我画图，而后来我才知道，柴宇的图纸几天前就已经画完了。

黑夜总让人感到自己的伟大，自谕为胡桃世界的君王，学着杰克说："I'm the king of the world."

世界如此美好，不过是被一份泡面的温度温暖。

债主柴宇又开始赖着我吃早餐，豆浆油条，《朝闻天下》一切照旧。

而这时，我刚失恋。

神医治百病，却治不了心病。柴宇却逆天而为，偏要整治我的失恋后遗症。

"我不管你是从猴子变成人的还是从精神病变成人的，你都给我正常点儿。"失恋的第一天柴宇这么我说。

从李树总是回避的眼神中我就感觉有问题了。

"我有点儿事，你自己回宿舍吧。"

"我刚才睡着了没听见你的电话。"

"周末我有点儿工作，不陪你了。"

这时候的女生往往高过柯南。我毫不费力翻出了他的暧昧对象ABCD。我能宽容一个傻子，但不能宽容一个渣男。就算他长成吴彦祖那么帅，也不行。

柴宇从不评论李树的花心或者我的轻率，他只是在我伤心的时候递过来辣条堵住我的嘴。

"罢了，一个不吃辣条的人，和我也没什么共同语言。"我在面包里加进一片辣条，童年美味。

雪梨润肺红枣滋补，红豆养胃阿胶补阴，但能营养你心脏的，只有你自己。

包 心 菜

有段时间我特别爱吃包心菜，不为减肥，只是讨好味蕾。于是柴宇陪我，早上包心菜海米沙拉，中午干煸包心菜米饭，晚上爆炒包心菜龙须面。第三天一早他可怜兮兮又带着贪婪目光：老子不要吃包心菜老子要吃肉啊！

好喝不过白开水，好吃不过白米饭。这话是柳君说的，人如其名，食草系男，与柴宇完全相反，吃素。

正巧赶上那阵他所负责的文学社与我合办一项活动，于是工作日我俩就常常一起去吃午饭，顿顿都是素菜，这一行为引起了柴宇的强烈鄙视。这时柴宇跟随专业老师出差考察，拜访的是素有东方小巴黎美称的哈尔滨，电话里他声音夸张而满足，"哎呀，这猪肉炖粉条太地道了。"

他把儿化音勾得响亮，表现出肉食动物对食草物种的轻蔑。

从初三开始，柳君发现自己突然不爱吃肉，甚至有时闻到肉味就没了食欲，所幸单一的素食并没有耽误柳君长个，只是比一般男生要清瘦，问其缘由，他爷爷是位仙风道骨的老人，气质甚佳，博学多识，陪伴了柳君的整个童年。爷爷去世后，为表虔诚，柳君吃了一个月的素，后来慢慢成了习惯，也没有感觉奇怪。

古有读书人尾生秉持承诺抱柱而死，今有柳君缅怀逝者每餐食素。我想，只有心若琉璃的人才会如此虔诚吧。在柳君面前我似乎显得心灵不够澄澈，倒有些怀念跟柴宇吃香喝辣时的畅快淋漓。

这时肉食动物柴宇从哈尔滨回来了，正对着一大块肥美的酱汁羊排大动干戈。肉食的纤维丝丝分明触动着人的感官神经，而我，在他饕餮大餐的对面吃着包心菜。

柴宇早已看不惯我吃素的行为，娴熟地切下一大块沾满醇厚酱汁的羊肉填到我嘴里，"讲真，好不好吃？"

无奈，一块单纯的羊排就激发了我作为食物链顶端动物的本色。

"还是肉好吃。"我说。

牛　肉

"我有女朋友了。"

"叫什么？"

"珍珠。"

沈桐给我发来这段对话框的时候我正和柴宇在街边的大排档，只点招牌麻辣小龙虾。夏天的每个周末我都会和柴宇来这家店，少年啤酒不枉青春。

再说沈桐，他是我发小，一个筒子楼里长大的，童年时期曾组成"霹雳无敌二人组"，横扫我们小区，获得了一群小屁孩儿的崇拜和追随。罢了，不说了，好汉不提当年勇。

高中毕业后各自到不同的城市上大学，沈桐也常常给我寄来当地的美食特产。鸭脖肉美味却短命，保质期只有三天，他从东北寄来，我没注意已过期就吃了，结果闹了三天肚子。

打小我就觉得沈桐这名字和他人一样时髦得走在社会前沿，直到长大后知道了"申通"快递。

如今沈桐又领先于他人，赢取了资本主义女性的芳心。珍珠是韩国人，她和沈桐是在中外大学生交流活动上认识的，两人不会对方国家语言，只能用英语交流，而沈桐原本英语就是半吊子，用"Yes"表达一切。所以当珍珠向他告白的时候他不假思索地说了句"Yes"。沈桐学术上交流成果怎样不得而知，感情上倒是得到了充分交流，他们开始了跨国恋爱，从此沈桐的英语骤然上升。

这年寒假沈桐去韩国见了珍珠的父母亲，人模狗样的还穿了西装，对方用韩国招待贵宾的礼数招待了他——买了六斤牛肉，珍珠说他们平时不吃牛肉，因为贵。沈桐心中霎时万千滋味，继而将珍珠领回中国，带着她一天三顿的吃牛肉，淮南牛肉粉丝汤青椒牛肉和番茄牛腩，他承认这是他表达爱的一种方式。

我的城市秋意正浓，沈桐从大雪骤降的北国寄给我最后一箱美食，风干牦牛肉，这种肉微咸却练牙口，吃了两天便弄得我咬肌发疼。他还略显文艺的附上一张纸条。

"我一直给你寄美食来表达我喜欢你，可惜你笨，只顾得吃，没发现。现在我要带着另一个女生去吃去喝去玩乐了。抱歉！"

于是我便知道，少年沈桐终于长大了。

麻辣小龙虾恼羞成怒呈现出逼人的红色，"这次的咸了。"我说。"没尝出来。"他说。肉质滑嫩，麻香正宗贿赂了舌头，麻得双方面红耳赤但又互不嫌弃，毕竟美食当头，天下太平。我吹开啤酒沫，知道沈桐的牛肉我再吃不上了。柴宇嫌我手慢，忍不住给我剥了虾肉在盘子里摞成小山，我不知好歹，连同把他碟子里那份也都消灭干净，满口虾香，十分得意。

玉米虾仁云吞

"什么是龙抄手？"柴宇问。

"就是馄饨！"美食从来不计较名字。

吃过晚饭突然又想吃后门的玉米虾仁云吞，想想竟然就感到一阵饥饿，最后柴宇还是陪我到学校后门吃。后门是学生下馆子喝酒聚会的聚集地，可惜看管后门的大爷太严厉，过了晚上八点就会关门，任凭你哭爹喊娘肚子疼大姨妈被狗咬各种理由都没用。吃完馄饨人生都圆满了，柴宇看了眼手表，这时八点零五分，他扔了牙签，头一甩，"走，爬墙。"

于是现在，他蹲在墙头，低头看着我发愁。

"先踩青色的那块砖，手扶这儿，左脚踩那块，不对，旁边那块。"无论他怎么教，我就是爬不上去，这项人生技能对我来说还太困难。

柴宇趴下来对我伸手，"我就不信了。"

他手很凉，骨节明显，我还在思考他手心的温度，而下一刻柴宇踩空失去平衡跌下了墙头，我惊慌失措，伸手

岁月是朵双生花

扶他，摸到一摊血。

最终我们连夜打车去了市中心的医院，柴宇额头缝了三针，差点儿破相。而我，变身般地学会了翻墙，在一次和柴宇吃饭晚归翻墙头的时候令他瞠目结舌；握拳对我说：敬你是条汉子。而这都是以后的事情了。

比玉米虾仁云吞的味道更让人念念不忘的是，那时我不知所措浑身发抖地捂着柴宇流血的额头，出租车外的清冷灯火像古往今来的生命一样在黑夜中急速逝去，他拍拍我的手，竟然露出笑来。

"没事，不怕啊，不要怕。"

黑巧克力与草莓布丁

柴宇无味觉。

得知这个消息也是意外。这时正牙疼医生嘱咐我不要吃点心，柴宇抢过我刚买的巧克力不许我吃。我斜过眼，满心不爽。

"你别哭。"他似笑非笑看我。

"那你让我吃一口，我不哭。"

"喔，那你还是哭吧。"

柴宇漫不经心，"嗯，挺甜。"

我不说话，静静地看他吃完。这不是往常我吃的那种巧克力，而是同学从国外带给我的百分之九十的纯黑巧克力，味道极苦，而柴宇不知道。

春去秋来，夏荷冬雪，柴宇陪我穿越大街小巷走过春夏秋冬吃遍无数美食，在以为同我一样享受着满满的食物诱惑时，其实他感觉不到任何味道。先天丧失味觉，只有简单的牙齿触碰，他表示能感同，但无法身受。"你在我身边，糟糠也是好吃的。"他说，竟然略有腼腆。

醇厚的豆浆，浓香的生煎，焦黄的油条，早起的心情，还有喜爱的人，这是一天之始。又是一年柔软的冬天，我报名了西点培训课，果泥散发出甜腻的气息，师傅优雅地将草莓覆盖在淡奶油果冻上，怪我技术笨拙，做出的草莓布丁模样不讨人喜欢，味道倒是蛮好的，柴宇凑过来吃一口，皱了眉头。

"我好像——"他抬头看着突然我笑了，"第一次吃到了甜味。"

我们被美食赋予一段好时光，就算隔着百场秋叶和千堆雪，十里春风和万重山，美食美人，少年心事永远不会老。

那些男生与他们自己的美食一起，教给我许多事情，尽管不比船长日记那般有着千帆历过的深刻教导，却可以让我在某个晴朗的日子回想起来，就犹如一坛十月桂花酒，香沁人心而经久不息。

"那么我教给你了什么？"这时柴宇转过头来看我写下的这些故事，眉宇间倒映出明媚的色彩。

——教给我美食与爱。

微风轻轻起

最是温柔蓝时海

林宵引

1

我做梦都没有想到，牧蓝会来敲我宿舍的门。

不修边幅的我被打游戏的室友催促着开门的刹那，嘴里叼着的红豆饼"啪嗒"一声落了地，哦不，是落在了牧蓝的人字拖上，里面冒着热气的馅儿就贴在他脚趾头上。

"你……"我瞠目结舌，牧蓝面无表情地递给我一瓶红花油，然后立刻蹲下身，把那块红豆饼捡起来扔进垃圾桶，口中还倒吸冷气，"嘶……好烫。"

我还是瞪圆眼看他，说不出话来。

"刚才对不起，我朋友玩心起了，把我往你那边推，伤到你了。"他又站起来，漂亮的眼里满是歉意。

楼道口传来一阵阵鬼叫，夜都深了，那群打了鸡血的同学还在庆祝。

呆头鹅一样的我磕磕巴巴道："啊，是我抱歉……脚还疼吗……"我皱着眉看向他被烫得微微泛红的脚趾头，终于反应过来重点是什么，"你说，你刚才撞到我了？"

高挑英俊的牧蓝也愣住了，随即点点头。

终于，我控制不住的一声尖叫，原本站得笔挺的牧蓝被我一惊，往后趔趄了一步。

"刚才把我撞倒的是你？"

2

一个小时前，我拖着疲惫的身躯进入电梯，昏沉间错按成三楼，电梯停止上升时我还庆幸"今天出乎意料的快啊"。

一出电梯，我就被漫天铺地的呐喊声淹没了，一群人聚在门前廊追逐着嬉笑着，环视周围门牌号觉得不对劲儿的我突然被人撞倒。

电梯正好半开，我无助地摔倒在地，被门给卡住了。门里的男同学虎躯一震，"妈呀吓死我了。"语毕拍拍胸脯，还不忘深深地白我一眼。

真是会心一击。脚踝扭伤倒地难起的我不得不感叹人心凉薄。

所以这个时候，我非常感激把我拉离地面的人。但当我抬起头想道谢的时候，又恨不得自己现在仍卡在电梯门口。

面前的人戴着一顶长长的巫师帽子，眼睛四周涂得黑洞一般，眼角一条一条血红的痕迹，半张脸紧紧贴着骷髅皮……

我感觉被他拉着的手黏黏糊糊，狐疑着举起来一看，手指间都沾着诡异的红色液体……

我一狠心一闭眼，用力后仰，想把头往墙上撞。

有点儿熟悉的声音从头顶传来："你别怕，我们只是在庆祝万圣节。"

我还处在惊吓之中，没出声。

对方沉默半晌，复又开口："那要不这样吧，你闭着眼睛，我扶你起来，转身后你别回头，一直往前走。"

我一边抖着嘴唇一边说："我脚踝扭着了，疼，走不了。"

他没再说话，打横抱我起来，脚步有些不稳。

我赶紧开口："我住606。"接着把眼睛闭更紧。

被人像宠物一样抱起来的感觉有些尴尬，却又有点儿奇妙。我能闻到他怀里淡淡的香气，同时又听到他轻微的喘息声。

他把我在寝室门口放下，等我站直，才转身走了。我终于睁开眼的时候，只匆匆在电梯门缝间一瞥他的背影。

我揉揉眼睛，这背影好熟悉。

3

一小时前鬼模鬼样的牧蓝现在衣冠楚楚地站在我面前，这对比让我着实有些难以接受。

牧蓝一脸无辜地看着我，"是我，真的对不起……"

他见我没动，从我手里拿过红花油，打开后又蹲下身，"你脚踝扭伤严重吗，先抹点儿药，这么晚了附近诊所都关门了，"细心地把药油倒在指尖，在我脚踝边匀开，"需要的话明天陪你去医院。"

我低头看他蹲着给我抹药的样子，眼眶突然泛了红。

我还清楚地记得，两个月前，我是怎样在辩论社B组挤破头，拿到和牧蓝所在的A组比赛的名额，又是怎样夜夜通宵准备资料，各种抱大腿找了社里的精英大神们讨教经验。

最后在和牧蓝对峙的时候，我把我最有把握的辩词字正腔圆地说了出来，我气势汹汹，胸有成竹，我都听到了对方辩手倒吸冷气。

可是牧蓝，他只是冷静地看了我一眼，片刻思索，然后引用了一句我没听过的名言，把我驳得无话可说。那时场上一如既往爆发出热烈的掌声，都是给他的。

那次辩论赛我没能赢他，听别人说，只有赢了他的对手，他才记得住名字。

而那次，是我好不容易争取到赴台交流的名额，追随牧蓝做了交流生之后，下决心为他做最后一次努力了。对，我一直没告诉你们，我是个失败的暗恋者。

牧蓝抹完药，起身看我，干净的寸头下眉头皱得很深，"很疼吗？要不现在打车去……"

"不是……"我喉间哽了一会儿，"不疼，不疼……"

如果我是牧蓝，我一定觉得眼前这个女生很奇怪。明明说着不疼，却矫情得哭个不停。

泪眼间，我听到牧蓝一声轻轻的叹息，温柔又无奈。

我手里突然被塞了一张纸条，他温热的手掌握了我那么一小会儿，又离开了。

"要是过几天还疼，打我电话。我陪你去医院。"

"好。"

"别哭了。"

"好。"

面对他，我简直想说一万次好。

4

因为牧蓝，我扭伤了脚。

这样的联系，听起来似乎有着无限的发展可能，但这之后，我冷静想了好几天，终于想清楚了。

自己不能再是每天只知道憧憬的小孩子了。

入学时候，在新生画展上，那幅风格独特色调忧郁的画被我一眼相中，右下角的署名就是牧蓝。自那时起，我心尖轻轻放了一个人。我没有想过能够长伴他身侧，这两年来，我想的大概只是，他至少可以知道我的名字。

可是他并没有。

我想我们之后也不会再联系了。就冲这个，我喝了两罐啤酒壮胆，给牧蓝发了一条短信，一边在心里向自己保证——这一定是我最后一次联系他！

我手指飞快打字——"童话里都是骗人的！"

收到回复不算意外，令我意外的是……

"段檬？"

我刚才告诉他我的名字了吗？我绞尽脑汁也想不出个答案，适逢酒劲儿上涌，不胜酒力的我晕晕乎乎间，随手打了个"哈！"摇晃着走到床前，倒头就睡着了。

转醒之时，鼻息间都是室友烧菜的香气，我挣扎着起身要开窗继续睡，室友一个枕头扔过来，"段檬你睡了一整天了！"

我想辩驳，那是因为我喝了酒！喉间一阵干渴，手机又突然响了。

"喂。"我哑着嗓子，听得对方一阵沉默，正想挂电话，却被牧蓝的声音给彻底弄醒。

"刚起床？"

"……是啊。"

"等会儿有空吗？我要去超市买东西，挺多的，我一个人拿不下。"

我第一反应竟然不是"好的"，而是："你室友呢？"配上我刚起床冷冷的声线，着实是一种婉拒。

牧蓝也愣住了，顿了顿，"今天游戏直播，室友没空理我。"

"哦，我先起床。"

"嗯，我在楼下等你。"

即便不打算暗恋他了，体面点儿还是必需的，蹲在衣柜前挑挑拣拣半小时的我终于捞起一条连衣裙，清清爽爽地出了门。

牧蓝没有骗我，他一个人真的拿不下那些东西。半小时后，自带的三个大购物袋都装满了，他一手一袋，我提那袋最轻的。

出了超市，夜风有些凉，我嘟囔着"好冷唉"，他转头看我想说些什么，却被电话打断。

还没贴近耳朵，甜腻的女声就扩散在了空气里："牧蓝，我要的东西买好没？"

牧蓝转过身，背对着我，语气温柔，"好了。我给你送过去吧。"

哦，原来是帮女朋友买的东西。

真是体贴的好男朋友。

我一手提着购物袋，一手在肩上摩擦，微微瑟缩着身子，抬起头看看月色。

感觉天更冷了。

5

牧蓝这个磨人的小妖精，一不小心就让我愁肠百转，终于，我狠下心来。

就在我保持了"再也不和牧蓝有半毛钱关系"的状态长达半个月之后，他一通电话又让我缴械投降。

这回竟然不是让我一起跑腿。"我包了饺子，太多吃不完，下来一起吧。"

我乖乖下楼了，没别的，只是觉得浪费粮食真的太不道德。

进了他们宿舍，我才发现，这家伙扯谎了。

寝室里站了近十人，有男有女，都端着碗，有说有笑的，倒是我，看起来像是个不速之客。这么多人，怎么会吃不完呢。

再看牧蓝，他背对着我，微微弯着腰包饺子，灰色的线衫妥帖又衬他气质，要说在我眼里最完美的厨娘，除了我妈，大概就是他了。

在逐渐热络起来的饭桌上，我见到了陪牧蓝跑腿那天给他打电话的女生，大家都说，这妹子是牧蓝的小表妹。可是表妹看表哥哪里是这样的眼神，缱绻，剪不断理还乱，如同细丝织就。

除了饺子，牧蓝还烧了啤酒鸭，小表妹刚叫嚷着"我要吃翅膀"的时候，牧蓝就已经把翅膀夹进我碗里了，嘴里还嘟嚷着："吃了鸭翅膀，以后就算扭到脚也没关系了，你可以飞。"

这尴尬的场面持续了几秒，我和另一位拥有鸭翅的同学一齐向小表妹碗里添了她梦寐以求的翅膀。

宴席最后，小表妹和和气气地跑来跟我要了微信微博等等联系方式，我也和和气气地同她道了别。

只要你不是牧蓝女朋友，一切都好说。

唉，我怎么又对牧蓝动了歪念。

6

事实证明，是我太年轻。我真的低估了小表妹的杀伤力。

入台交流的学费不便宜，宝岛的消费水平也不低，此外，为了支持自己游山玩水，我被朋友怂恿着做了代购。

做代购的代价是什么？社交方式里不少朋友最后会同你陌路，留下来的，除了掏心掏肺的死党、爹妈，就是和你有利益互需的购买者了。牧蓝和他的小表妹倒是例外，牧蓝，我猜他已经把我屏蔽了，小表妹则常收我一些礼物，大概也不好意思拉黑我。

错就错在这里。就在我的代购事业日渐蒸腾的时候，小表妹发了一条微博，圈了我，发了一张她惨绝人寰的自拍照。

照片里，她原本瓷白漂亮的脸蛋呈现着异常的红色。"段檬姐，我用了你送的洗面奶之后，脸变成这样了。"下面的评论一条比一条难看，堪比毫无素质的水军，但我知道，这些都是平常和牧蓝还有小表妹有联系的朋友。

我代购的洗面奶，我很多朋友在用，皮肤最容易过敏的室友也在用，都没什么问题。但我不能保证小表妹用也没问题。我提了一大袋子水果上楼慰问她，却吃了闭门羹，离开之前听到门里传出来牧蓝温柔的声音，好脾气地哄着她。

大概是因为我的洗面奶伤了心爱小表妹的脸蛋，牧蓝很长一段时间没有联系我。

我开始思索另一个问题，我后不后悔呢？后悔和牧蓝又有了联系，从而认识小表妹，到如今把自己的代购事业给搞砸了。

我想了很久，直到小表妹那条微博下面逐渐有了支持我的声音，直到我的客源不知何时起又渐渐地增多了。

直到我看到牧蓝发的那条微博。

他放了些照片，是一群买过我东西的同学给我的质量证明。更重要的是，他替我澄清了那个事实——小表妹脸蛋受损是因为她室友往她洗面奶里加辣椒水。

我觉得自己真是个傻帽，喜欢就喜欢了，敢爱敢当，哪来那么多后悔。我几乎是飞奔下楼，到达三楼前，楼梯口爆发出一阵热烈的掌声。

走廊上燃着漂亮的烛光，小表妹上前给了牧蓝一个熊抱。

"牧蓝，我喜欢你，生日快乐。"

牧蓝逆着光，我看不清他的表情，但想想也知道，必定是欣喜无疑。

牧蓝转过头来和我对视的那一刻，我冷冷地回望他，转头走了。

哦，对了，今天是他的生日。

不管了。

7

清净了好一阵子，我揣着兜里的钱，精打细算地想着够我去哪里旅行。似乎不管去哪儿，都缺了那么点儿。

及时又意外的微信来了。

是牧蓝，他问我：我们打算这几天去南部玩，订的民宿是十人间，但我们只有九个人，你要不要加入？

加入就意味着，费用可以平摊，我就解决了我的经费问题。

鉴于我向来是个没骨气的人，不消片刻，我回复了他：好。

一行人整装待发，我找了半天，竟然没见着小表妹。但有句话说得好，两情若是久长时，又岂在朝朝暮暮。我便没再想牧蓝他们俩的破事，只顾着玩个尽兴。

南部拥有碧水蓝天，茂盛草木，新鲜空气，什么都很好。

唯独不完美的地方就是，原本回程前一天下午要去浮潜，但风浪太大，工作人员拉了警戒线，不让潜了。

晚上我们在露营区住，搭了几个帐篷，大家都在烧烤，说笑，唯独我闷闷不乐。你说好不容易来了台湾，来趟南部，怎么能不去潜水。

来我的帐篷前蹭插座的牧蓝见我一脸肃冷，问清缘由之后，他也沉默了。我就知道，他只是随口问问。

帐篷里没有被子没有枕头，我失眠整晚，把脑袋搁在小风窗上看风景，却不期然地看见了牧蓝的脸。

他示意我出去，我思索片刻，随他出去。他开始拉着我跑，我几次想甩开，却又被他握住，"你腿短跑不快，跟着我，快点儿。"

浮潜区已经有人在排队了，原以为要泡汤的心愿，这会儿竟然得以实现。

最奇妙的是慢慢入水的刹那，我有些害怕，牧蓝握住我的手，在一波波海浪把我冲向后方时，他都及时地拉着我，避免我撞到礁石。

各色绮丽的游鱼在我们眼前游动，海草悠悠漂浮，碧蓝的海水中，我们也像两条游鱼。

摘了氧气罩的第一刻，我脑子就进水了，十分煞风景地说了句："你心爱的小表妹怎么不来？"

牧蓝眉睫都潮湿，眼睛越发深邃，"不想带电灯泡。"

我大脑瞬间当机，有些东西理不太清。

"电灯泡？她不是给你表白了？"

牧蓝叹口气，"对啊。但是我拒绝了，"他无奈地看向我，"从小就知道她喜欢我，但是妹妹就是妹妹。"

见我眉头纠结，低头思索，他轻轻把手心覆在我脑袋上，"你怎么这么蠢？"他像是自言自语，但我知道是说给我听，"段檬，你知道吗，那时候我什么都还不是，最喜欢的事情是画画，而在我的画前流连半天的，只有你。"

我愣了老半天，震惊难以言表，他还是笑着，越凑越近，突然用力甩甩头，沾着的海水都溅到我脸上了。

我咬着牙："牧蓝！"

他冰凉的脸颊突然贴过来，几乎是耳语："听说阳明山上三月有樱花，放了寒假回来一起去看好不好？"

这次我没犹豫，"好。"

来日方长，我要对他说足一万次好。

躲了一生的雨在遇见你时落下

骊 尘

1

汪怡薇之所以跟陈熠阳认识，起初还是因为宋肖肖。

2014年巴西世界杯时，一夕之间学校里呼啦冒出来好多球迷，宋肖肖也是其中一个，只不过是伪的。起初除了"足球是圆的"外对足球一无所知的宋肖肖忽然成了众多球迷中的一员，这让汪怡薇多少觉得有些不可思议。

每天晚上回到宿舍后，宋肖肖都会倒头就睡，只为了在深夜或凌晨起来按时看球，她甚至加入了学校里专门为世界杯建的QQ群，不时将四处百度拼凑来的"高见"发到里面。

这个群里多数是男生，陈熠阳是第一个跳出来夸宋肖肖的，"看不出来嘛，一个女生还挺懂足球的，不错不错。"

很快便有不少人一起出来称赞宋肖肖。

这些赞美让她喜不自禁，甚至在深夜里笑出声来吵醒了舍友。汪怡薇在一周之内第三次被宋肖肖吵醒后，终于忍不住问："肖肖，你真的懂足球吗？你知道什么叫越位？你知道什么是角球、球门球、自由球、界外球吗？"

宋肖肖茫然地摇了摇头。

后来，宋肖肖才知道汪怡薇也算个球迷，她有个狂热的球迷老爸，从小耳濡目染经常跟着一起看球，对足球场上的事也便略知一二。

像是发现了救星，宋肖肖央求汪怡薇："薇薇，以后你陪我一起看世界杯好不好？他们在群里讨论的我不懂的就向你请教。"

就这样，汪怡薇答应在世界杯期间陪宋肖肖一起看球，并适时给出一些评论供她发到那个QQ群里。

巴西对阵德国队的那场半决赛时，宋肖肖边看球边在QQ上问："薇薇，薇薇，紧急求助，巴西队的11号叫啥来着？"可是，她不小心将这句话错发到了那个QQ群里。

"11号是奥斯卡，"群里陈熠阳很快回复，并加了一个捂嘴笑的表情问，"薇薇是谁？"

在陈熠阳的再三追问下，宋肖肖终于供出了自己的

"足球军师"——汪怡薇。

陈熠阳对汪怡薇并不陌生，这个金融系唯一一个高数、线性代数全都考满分的高智商女学霸在他眼里简直是神一样的存在，令他没想到的是对方竟然还是个球迷。

对陈熠阳来说，汪怡薇就像个巨大的谜团，忽然降临到他生活里，他想踏进她的世界去一探究竟。

2

陈熠阳从宋肖肖那里要到了汪怡薇的QQ号，作为回报，他将自己一直珍藏的切尔西队服送给了宋肖肖。

就在宋肖肖套着那件肥大的队服将自己打造成一个看起来更专业一点儿的"伪球迷"在校园里招摇过市时，陈熠阳鼓足勇气申请将汪怡薇添加为QQ好友。

看到汪怡薇通过好友申请的时候，陈熠阳感到自己心跳像是漏了一拍，一向油嘴滑舌的他对着电脑屏幕竟然打不出一句顺畅的开场白来。

"你好，我是金融3班的陈熠阳。"

"你好。"汪怡薇回复到。

"听说你也是个球迷，最近也在看世界杯吗？"

"稍微懂一些，看的不多。"

之后便是长久的沉默。陈熠阳望着对方变灰的头像，退出了QQ。

虽然在同一个专业待了将近一年，两人却并未认真打过交道。因为每次整个专业一起的大课堂上，偌大的阶梯教室里，汪怡薇永远坐在第一排，而陈熠阳则是最后两排的常客，以至于每次一想起她来，他首先想到的就是她后脑勺上那梳得一丝不苟的马尾辫。

汪怡薇对他来说就像一株饮尽琼浆玉露而生的植物，浑身充满了四散攀爬的蓬勃张力，而现在他想试着做她世界里的阳光。

3

陈熠阳开始有意接近汪怡薇。比如一起上课时他会提前到教室坐在汪怡薇后面一排的位置上，学着像她那样认真听课、做笔记，跟她一起加入到课堂上每一场热闹的讨论里，他会在餐厅里排队时假装没带饭卡，让她帮忙打饭，然后提出找机会请她吃饭感谢她，他会在每晚她围着操场跑圈时假装去跟她偶遇，只为在睡前再见她一面。

他努力出现在汪怡薇的生活里，让她注意到自己的存在。

陈熠阳在连续请了宋肖肖一个星期的麻辣香锅后，终于顺利将其培养成自己的"线人"。吃人嘴软，宋肖肖将汪怡薇的喜好和日常的行踪认真总结到一个本子上，塞给陈熠阳的时候，她吐了吐舌头，"等你读完这本子上的内容，你就对薇薇了解了一半多了。哎，到时候追不上我们家薇薇可别怪我没帮你啊！不过，提醒你一句，薇薇好像很久前就说过，坚决不会在大学里交男朋友的！"

"好的，多谢提醒啊，我会努力让她喜欢上我的！"陈熠阳捏着手里的本子，那种踏踏实实的感觉，像是握住了汪怡薇的一生。

他认真研究着宋肖肖写下的那些关于汪怡薇的一切，不肯放过其中任何一个字句。

十几岁的男生表达爱意总是有很多种方式，有的甚至让人匪夷所思，比如故意给心爱的女生制造一些小麻烦。陈熠阳就像一块擦不掉的狗皮膏药一样赖在汪怡薇原本安静的世界里，让她不得不开始认真地注视他。

从宋肖肖那里得知汪怡薇在图书馆二楼东南侧靠窗的位置上了将近一年自习后，第二天一大早他就跑去抢占了她的座位。

4

如果不是一旁的宋肖肖提醒，汪怡薇还不会意识到自己用来在图书馆占座的那瓶脉动落到了陈熠阳手里。抬眼望去，她看到陈熠阳跷着二郎腿边喝着脉动边懒洋洋地翻着手里的高数习题，甚至连昨天她贴在瓶子上写着"此座已占"的粉色便笺纸都还在。

见汪怡薇往这边看，陈熠阳笑嘻嘻地故意扬了扬手里的饮料瓶。

"这不就是故意挑衅吗？"看着陈熠阳心安理得地坐在自己昨天占好的座位上，优哉游哉地喝着饮料，汪怡薇气不打一处来。

因为大家都在安静地看书自习，汪怡薇只能压制住心里的怒火到角落里找了个空位坐下。

到午饭饭点儿时，图书馆里的人越来越少，到最后这一层竟只剩下汪怡薇、宋肖肖和陈熠阳他们三个。宋肖肖捂着饿得咕咕作响的肚子一脸幽怨地趴在汪怡薇面前的桌子上，"薇薇，我实在饿得受不了了，咱们还要硬撑下去吗？"

汪怡薇合上眼前的书本，望了一眼不远处的陈熠阳，只见他从包里拿出了提早准备好的午餐，看样子是做好了打持久战的准备。

"我们走吧。"汪怡薇背起书包。

"哎，汪同学，我真不知道这个座位是你占的啊，你知道我最讨厌别人占座了，这简直是校园十大不文明现象啊，还有，你的那瓶脉动改天还你！"陈熠阳笑着对汪怡薇说。

"那个座位我坐了很久了好不好，之前我都是直接把书放在那里，后来怕丢才想到把饮料放那里的，脉动你喝就喝了吧，我特意放了瓶过期的，祝你好运喔！"汪怡薇毒舌起来也不饶人，说完便拉着一旁的宋肖肖跑了。

"你……"

5

汪怡薇在学校里是那种很惹人注意的存在，从一进大学校门开始，身后就没缺过追求者。军训时有男生当着全校师生的面对着她唱情歌表白，这让她小火过一把，那段时间校园的角落里从来不缺少关于她的谈资。

只是像汪怡薇这样的姑娘，心里从来都清楚自己要的是什么，她对自己大学四年乃至今后数年的人生都有着清晰的规划，她心里一直紧绷着一根弦，时刻要求自己要一直走在最前面，被更多人看到、喜欢。

上大学之前，汪怡薇就曾向父母保证过大学期间一定不会谈恋爱。所以对于陈熠阳的软磨硬泡起初她也并不感冒，管他明月与清风，她一直不紧不慢地生活在自己的小世界里。

在图书馆蹲守了一段时间以后，陈熠阳留意到汪怡薇每天几乎都是图书馆里最后走的人，与很多去图书馆随身带着雨伞、坐垫、零食等东西的女生们不同，她每次都只带着那只粉色的保温杯。

经过一段时间的接触后，两人之间的关系缓和了一些，陈熠阳会向汪怡薇请教一些难题，并顺手塞给她一些女孩子喜欢的糖果、牛肉干之类的小零食。汪怡薇是那种做事很认真的姑娘，陈熠阳最喜欢她皱着眉头思考问题的样子，她会将解题步骤条分缕析地写到纸上，有时短短几步下来便让一旁得陈熠阳茅塞顿开。

那天下午，汪怡薇刚到图书馆没多久，外面就下起了大雨，她忽然想到阳台上的被子还没有收。雨越下越大，因为没有随身携带雨伞的习惯，汪怡薇只能望着窗外干着急。

"需要帮忙吗？"陈熠阳拿起一旁备用的雨伞，拽着她往门外跑去。

陈熠阳撑开那把深蓝色的雨伞，为汪怡薇遮挡起头顶的风雨，校园里鲜有行人，大家都在四散着找地方躲雨，两人在空旷的校园里奔跑，地上溅起的泥水沾满了裤脚，但他们并不在意，耳旁只有呼啸而过的风和溅落的雨水，以及身旁人盈盈的笑意。

6

她开始重新审视起身旁的这个男生，这个曾对自己针锋相对最后却掏出一颗真心来对自己好的男生，其实并没有那么讨厌。

在那个秋天的尾巴上，陈熠阳代表学校跟外校足球队踢比赛。汪怡薇在自习室里闷头做数学题，原本在她看来简单的题目此刻却让她觉得无从下手，心烦意乱的她终于在宋肖肖的再三鼓动下决定去操场上观看陈熠阳参加的这场比赛。

望着场上的陈熠阳娴熟地带球，过人，一气呵成地将球踢进对方球门最终锁定胜局时，她跟着热闹的人群一起雀跃起来。对方炙热的目光穿过人群往这边投过来，四目交接时，她心里"咯噔"一下。

她对他心动了，这份心动可能在很久以前便早已发生，只不过到这时她终于愿意承认这一点。

比赛结束后，陈熠阳来不及擦干身上的汗便往她这边走来时，她望着他，眼角眉梢全是笑意。

"怎么，不恭喜我们赢了比赛？"

她仍旧还只是笑。

周围的空气里像是挂满了湿漉漉的粉色心事，此刻他们心里都十分确定，今后他们之间会有故事发生。

人生这条路上，她曾是那个急于赶路怕被青春这场急雨淋湿的人，但此刻，她终于不再躲闪，决定坦荡地接纳这个人参与她的人生。

微风轻轻起

暖纪年

1

七夕的晚上准高三开始补课，学校妄想用周测卷按捺住小情侣蠢蠢欲动的心。

今天大暴雨，没关系，班主任在班群说了，就算下刀子，也要记得赶来学校，孩子们。

我叫秦屿安，左手边是我最好的闺蜜林小白，右手边是整天唠唠叨叨管纪律的班长山海。学校的残暴行径没能阻止他们对七夕的期待，林小白换上新买的裙子准备课间去见男神，山海翻着印满购物广告的小册子，推着我的胳膊肘问如果有喜欢的人送什么礼物好。

林小白眼尖兴冲冲地凑上来帮忙参谋，在看到山海待选的几个物品后彻底蔫了。

电视剧《花千骨》里的糖宝抱枕，十分鲜艳的绿色和黄色。刻着情书的订制竹简，不是素净的刻着字，而是糟心的堆满奇葩的图案。可以订制图案的马克杯保温杯……

我们头上顶满了问号，口红、面膜、零食、电影票、绿色植物……有这么多种女生会喜欢的礼物，为什么男生总是能完美地避开？

很久之后林小白偷偷和我咬耳朵说，如果以后的男朋友送她糖宝抱枕，她就挂在房间门口避邪。如果男朋友送印着她照片的杯子，她一定会在喝水的时候呛到。如果收到竹简，她就挂在男朋友宿舍墙上，让他天天读三遍来表彰真心。

可是山海又不是我们谁的男朋友，他是我们的同桌啊！

我和林小白对视一眼，在爆笑成一团之前一秒变脸，勒住了心中的脱缰野马，装作很感兴趣的样子说："这个不错，这个也还好啊，要是我肯定特别喜欢……""特别"两个字被我咬了重音，山海却不明所以，满怀欣喜地觉得自己的眼光得到了认可。

2

山海这个话痨凑上来，推推我的胳膊肘，"周三有球赛，我们班和隔壁班，去不去给我加油？"

"不去。"

"那周五的决赛呢？"

"不去。"

"周六放假呢？去不去游乐园？"

"我要做卷子……"

林小白挑眉，用奇怪的眼神从上到下仔仔细细看我，然后无奈地笑笑说："真是搞不懂你啊。"

林小白继续励精图治追男神。

然后他们成了最好的朋友。

林小白看着男神打球，一边咬着饼干一边叹气，"我是不是跑偏了？"

3

中考结束后我没能考上市里最好的高中，是我爸不知道打了多少个电话，拼命喝酒请客找关系塞钱来的。碰巧家里不算富裕，碰巧我还有一个学画画的姐姐。学艺术的人放荡不羁爱自由，管教方式不同，于是从小到大我都是负责懂事的那个。

可是从小懂事的那个，常常不如从小淘气的熊孩子过得开心。

就像此刻，我吃完饭简单地收拾了一下，试探地问我妈："星期六我想和同学出去玩。"

我妈讶异了一下，习惯性絮絮叨叨起来："就还剩一百多天了，高考完之后想怎么玩都可以……"从我爸的辛苦讲到我姐的学费，再说到哪个亲戚的孩子考上了什么学校……

我沉默地收拾好书包穿上鞋子，终于还是忍不住在走时紧紧攥住了门边。

"可是我真的很累啊。"

谁都很努力，谁都在顾全大局，谁都没有错，可是为什么到头来，谁都觉得辛苦又委屈。

我没去晚自习，直接给林小白发了条短信让她帮忙请假，然后来到学校附近的体育场。

跑了不知道多少圈，我就着最近的一张椅子坐下来，用围巾裹住脸，把汗水和眼泪一起吸干。

故事很平淡，山海不是故事里写烂了的白衣少年，我也只是小心翼翼的不敢扑火的飞蛾。我有多讨厌那个敏感、脆弱、小心翼翼的自己，山海有他的明朗坦率，我只会担心追不上他的步伐。总有一天他会拥有更宽阔的天地，会遇见更多同样明快优秀的人。想到这里，我宁愿缩回安逸温暖的壳里。

一瓶水突然碰碰我的额头，山海从我身后站出来。

"林小白说你肯定躲在这，又没生病不来上晚自习肯定有问题。"

"我在这里看日落啊。"我一本正经地胡说八道，胡乱拿毛巾揉干净脸。

我一抬头才发现天色早已昏黑了，星星零星挂着，山海顺势坐在我身边，我听见他低低的笑声。

"那正好，我陪你一起看吧。"

"哎，你读过这么多书，知不知道'微风轻轻起'下一句是什么？"山海也许是为了转移我的注意力，开始有一搭没一搭的找话。

好朴素的诗啊……我疑惑地接话："大浪滚滚来？"

"……算了还是不说了。"山海一脸吃瘪，他飞快地看我一眼，小心地问："因为模拟考在难过？"

我抿着嘴没说话，不然怎么的，理直气壮地回一句："因为你？"

"其实我觉得，题海战术太多了反而不好，你有时候太迷茫了，做题的时候偶尔还会走神。不如你试试多放松放松，做题的时候只做题，开心的时候只开心。"

我怔了怔，豁然开朗。

山海拍了一把我的后脑勺，笑说："所以，星期六还是陪我去游乐园吧。"

4

昨晚答应了山海去游乐园，本以为已经收拾好心情，特地算着放学时间回了家。谁知道班主任特地打了电话关照我妈，让"发热"的我好好休息，平常也要加强营养……

一打开门我妈就坐在沙发上等着我，感觉就像在接受审判的我又难受又惊怒，最终还是吵了一架收场。

第二天走进教室，我顶着微微红肿的眼睛，站在门口的班主任没好意思追究我责任，很不自然地咳嗽了一声，把眼神放向到远方。

我看见林小白捧着一个信封发呆，为了转移糟糕的心情，我假装八卦地坐下来作势要抢，信封却被她紧紧地护住。

我调戏她："可以啊小白，不会是情书吧？"

"是啊，"她点点头，躲开扑过来的我，"不过是男神让我交给我们班文艺委员的。"

看着林小白沮丧的样子，我只能一半难受一半开着玩笑安慰她说："现在这种情况，我们是不是应该假装弄丢，或者拆开来看看？总比什么也没做好啊。"

她举着信封对着阳光看了好一会儿，笑了笑："瞎说什么啊，当然是要好好地交给文艺委员了。"

我转头无奈地看向山海，他飞快垂下眼帘，专心做起面前的历史选择题，一副深深沉醉其中的样子，却很久都没有落下笔。

那天之后，林小白再也没有拉着我去看她男神打球了，连名字都没有再主动提起过，她抱着厚厚的试卷乖乖找班主任补起了数学。

5

"秦屿安！你是不是有病！"

我一回到家，就看见手机里林小白疯狂的轰炸。

"你明明说好周六下午陪山海去游乐园的，事到临头你删了他算怎么回事！最讨厌你们这种不守承诺的人了！"

嗯？我头上顶满了问号，我做什么了？

我一边觉得奇怪，一边隐隐觉得，这句话好像不仅仅是在对我说的。

"你要是敢不去我就杀到你家，把你押过去，你试试看我敢不敢！"

我终于想起，昨晚因为考砸了又谎称病假翘课，我和我妈大吵了一架。我反锁了门，偷偷把藏在书柜里的几罐啤酒喝了，半夜醒来还是一肚子郁闷，头又重又晕。然后迷迷糊糊地醒来，直接干脆地拿起手机删了山海的微博，微信，QQ。

完……蛋……了……

深夜总是容易做出仓促的决定，我又怎样才能和山海解释，我只是没有勇气再往前走一步了。

"你怎么知道的？"我讪讪地问。

"山海来问我了，三言两语说不清，你自己看吧。"

我和林小白有彼此的QQ微信微博密码，我打开她的微信，点开山海的对话框。

"我好像又搞砸了，你同桌把我删了。"

"如果是你，会不会也觉得我很烦？"

"我是问一句好呢，还是当作什么都没发生比较不尴尬呢？"

林小白的回答没有像平常一样嘻嘻哈哈："如果不喜欢的人缠着我，我也会觉得烦，可是烦起来的时候就会突然想到，男神面对烦人的我是不是一样的态度呢？喜欢和不喜欢，明明都没有做错什么。如果喜欢就告诉她吧，如果她说觉得你烦，就干干脆脆放弃吧。"

"不过你放心，下午我一定会让秦屿安去的。"

我正在发愣，手机突然振动了一下，我看到班长的申请加为好友的通知。

"你是不是又抽风了，现在把班长大人加回来，我还可以考虑原谅你哦！"

这样有点儿小心翼翼的口气，我想到他主动加回来，还要斟酌字眼的样子。

我现在不仅觉得很尴尬，还很想哭。

最终还是去了游乐园，没想到山海嘻嘻哈哈的，硬是把我摁上了过山车、大摆锤……几乎把危险刺激的都玩了个遍。他坐在我旁边看着我闭眼尖叫扭曲打抖，笑得十分猖狂。

他明明知道我恐高肯定是故意的啊！

6

"那我走了。"我站在路口挥挥手，往通向家门的小巷走去。

"秦屿安，我们拥抱一下吧。"山海的声音很平静，听不出什么情绪。

我背对着他，听着这奇怪的请求，揉了揉微微发烫的脸，有种情绪在初夏暖烘烘的风中不断发酵。

"我以后，不会再烦你了。"

所以，因为你觉得这是最后一次了，才拉着我赶着时间，几乎玩遍所有项目？

我愕然，慢慢转过身来，看见山海在路灯下，在初夏温柔的风里对着我笑，露出两颗小小的虎牙。

由于心虚，我下意识往周围一瞥，不看还好，一眼便看见我妈在斜边不远处水果摊旁，马上就要买完水果回家。

积攒的勇气一哄而散，我立马就怂了，根本不敢想我妈看见的后果，边挥着手边溜得飞快，"班长再见！遇见你真巧，常来玩啊！"

我妈端着一瓶热牛奶进了我房间，我有点儿心虚她到底有没有看见山海。

结果我妈突然笑了，有点儿责怪地问我一句："怎么不请同学上来坐坐吃点儿东西？"

我懵了半天。

"以后要是觉得累了，就多和同学出去玩玩吧。"她放下牛奶，像来时一样，悄无声息地离开了房间。

7

我妈一离开，我就迅速翻开手机。

我还有好多话，很想、很想告诉你。

林小白的微信还没退出来，山海的消息先跳了出来。

山海："都结束了啊。"跟着一个苦笑的表情。

"你说秦屿安是不是也喜欢你男神啊？"

怎么可能！我吓得差点儿摔了手机，他是从哪里看出来的啊？

"你看她以前天天放学都和你一起去看男神打球。"

我这不是为了陪林小白吗，我明明什么都没看天天带着单词本去的啊！

　　"你看我们有时候同路回家的时候，她也经常和我说你男神啊！"

　　我还不是为了没话找话和你聊天！游戏和篮球我又不懂，难道你想让我和你聊数学题？我被他的理解能力气得不行，立马退出消息，拨通了林小白的电话倒苦水。

　　话说到一半，突然想起某天傍晚的操场。我问林小白："你知不知道微风轻轻起的下一句是什么？"

　　"我好喜欢你啊，这套路我以前追男神的时候用过，不过没什么用……"林小白懒洋洋地回答着，看向贴在书桌上的照片，以及厚重的资料、填满的计划书，有一刻的恍神。

　　挂掉电话，手机还在不断的振动着，山海有几十条消息一条条窜出来，也不知道他哪里来的这么多话要倾诉。山海的失落和林小白的话语不断在我脑海中闪过，我感受到自己砰砰的心跳声，仿佛充满了整个房间，最终掷地有声般的化为几个字：

　　"秦屿安喜欢你，真的！"

　　没有犹豫，只有决然。此时不说，又要等到什么时候呢？

　　高考后的KTV，返校时偶然的遇见，还是十年后同学聚会？让时间的流沙把本就模糊不清的故事都抹平，遥遥举杯相敬，百转愁肠入酒。换一句，天气真好，或者，雪好大?

所有的缺乏勇气，都抵不上想珍惜你的心情。

我借着林小白的立场说："秦屿安说，有一次班上有个动漫社团的女孩子，参加活动来不及换衣服，直接穿戴着动漫角色的衣服在上课，非常显眼，很多人都私下讨论着妹子的颜值不够好看啊，想出风头之类的。只有你说了一句，觉得坚持喜欢的东西的姑娘都很可爱，所有的少年人，都又可爱又充满元气活力。"

那时候我就觉得，真是个温柔的人啊。

永远笑意满满，稳妥善良。

我看着屏幕里山海的窗口反反复复的显示着"正在输入"，我把手机半压在数学书下，耐心地等着。

最后，山海也只有一个"嗯"字。我也不知道，他是不是打下了一大段话，然后一个字一个字地删掉。

"那再见了。"

"等等！等一下！"

"嗯？"

"高考加油。"

"你也是。"

8

高考结束了，林小白和男神在一起了，男神表的白。

微风轻轻起

男神的情书竟然是写给林小白的，信封没有封口，也不知道是男神太过羞赧，还是习惯了林小白表面上的没心没肺，居然用这样的馊主意表白。

也许就和送礼物一样，大多数男生觉得的惊喜，其实只是他们自己觉得而已。

……真是让人深觉叹息呢。

本以为林小白大大咧咧的性格会直接拿出来看一看，再加上信纸上明明白白写着给林小白，就算给了文艺委员也是拿得回来的。结果不知怎么，阴差阳错，文艺委员拿着信看了好半天，信封再也没有回到林小白手中。

林小白也再没主动找过男神，每次他看见她，她都是在缠着班主任问问题。

林小白的内心无数话语呼啸而过："情书是写给我的但是我都还没看过，我亲手拿给了文艺委员天啊好丢脸，文艺委员到底看到了什么是不是情书都传阅过了……天啊男神没有写什么肉麻的话吧好丢脸可是我还是好想知道……"

高考完山海发消息说他请客，带我出去吃顿好的。

我在家吹着空调抱着大半个西瓜，觉得心中好像有烟花"咻"地上升，炸裂成大朵大朵绽放，还是连环的那种。

我说好的好的你在哪里呢。

他说："你下来吧，我就在你家楼下，现在，立刻，马上。"

没有一点点防备的我爬起来，翻箱倒柜地找出最喜欢的裙子，梳好头发拨弄好刘海，急匆匆地下楼。

我跟在山海身后，隔着一小段距离，没好意思走上前。我想象过很多次这个时刻，这样清爽干净的夏天，我穿着喜欢的裙子，他穿着白衬衫宽松休闲的裤子，西瓜很甜，冰淇淋很凉，到处是风扇呼啦呼啦地吹着，太阳炙热又明亮，照在叶子上青嫩的绿色，再洒落一地的斑驳。

"从游乐园回来，和我聊天的是你吧？"山海停了两步，等我走到面前，他双手负在背后，悠闲地开口。

"你……你怎么知道的！林小白说的？"

"我猜的，你们聊天的口气一点儿也不一样，我回一句林小白能刷十句出来，更何况……"

"更何况……"

"林小白聊天的时候会疯狂地甩表情包。"

"……所以你都知道，是故意骗我先表白的吗？"

"啊……那个时候谁知道你喜欢我啊？虽然我听着是很开心啦……"

羞、愤、欲、死，我、好、尴、尬。

我在路上还在想山海是带我去电影院，奶茶店还是游乐园。

结果山海带着我去了馄饨店，对，就是我们高三每天早上吃的，学校附近的馄饨店。

他还特自然地把背着的书包放到了桌子上，一瞬间我觉得噩梦潮水般涌来，仿佛一觉醒来重回高三。然后，他拉开拉链，在书包里掏啊掏。

他拿出了一个糖宝的毛绒玩具，刻着煽情话的竹简，巨丑的刻着我照片的马克杯、保温杯……

他说："我也不知道你会喜欢哪个，所以都买回来了。"

天道好轮回，苍天饶过谁！

我为什么会有这样的同桌啊！